I0052897

LES MALLEVILLAISES

PAR

l'Abbé GAYRAUD

Curé de Malleville-les-Grés

(Seine-Inférieure)

———— ◎ ————

(Se vend au profit d'une église pauvre)

M. GAYRAUD, ÉDITEUR

MALLEVILLE-LES-GRÉS (Seine-Inférieure)

1891

LES MALLEVILLAISES

PAR

l'Abbé GAYRAUD

CURÉ DE MALLEVILLE-LES-GRÉS

(SEINE-INFÉRIEURE)

———※———

M. GAYRAUD, ÉDITEUR

MALLEVILLE-LES-GRÉS (Seine-Inférieure)

1891

LES MALLEVILLAISES

AU LECTEUR

Ce receuil de vers est intitulé : *les Mallevillaises,*
parceque la plupart des pièces qui le composent ont
été faites à Malleville-les-grés,(Seine inférieure), ré-
sidence de l'auteur. Celui-ci n'est pas précisément
un inconnu. Bien qu'il n'ait affronté sérieusement la
publicité qu'en Belgique et qu'il n'ait imprimé ses
poésies en France qu'à un très petit nombre d'exem-
plaires et pour un cercle restreint d'amis et d'amateurs, cependant la presse catholique, sollicitée par
quelques amis du poète, a été appelée à juger sa ma-
nière. Le lecteur trouvera ci-dessous quelques appré-
ciations sur les CHANTS DU DÉSERT, recueil qui a pré-
cédé celui-ci.

On lit dans la FRANCE NOUVELLE (2 et 3 Janvier
1889) :

> La poésie est une flamme,
> Un éclair dans la nuit glacée,
> C'est le cri sublime d'une âme,
> C'est la splendeur d'une pensée.

Pourquoi débuter par une incorrection ? Quatre

Entonne l'hymne joyeuse,
Loin des maux jadis soufferts.

Mais plains, ô blanche colombe,
Au sein des cieux éclatants,
Ceux dont les pleurs sur ta tombe
Couleront encor longtemps.

. Lisez dans ce volume de 3oo pages : *Le pleur éter-nel; La lutte du bien et du mal ; la chute de Lucifer ; Homo duplex ; La vie dans la mort ; Au pied d'une croix*, etc. ; et vous reconnaîtrez facilement que l'auteur vit au pied des autels, au-dessus des passions humaines. Lisez : *l'homme et la rose; Myosotis ; A un Chérubin ; Chute des feuilles* ; etc. , et vous verrez que, sous la soutane, bat un cœur d'artiste, merveilleusement apte à sentir les émotions tristes ou douces qui font pour nous de l'art le vestibule de l'immortalité

EUGÈNE ROULLEAUX

L'UNIVERS : *(19 Mai 1889)*

Malgré tous les abus de versification, la poésie conserve un charme auquel peu de personnes sont insensibles. On aimera toujours les beaux vers, soit qu'ils expriment des sentiments élevés et délicats, soit qu'ils servent à peindre les grands tableaux de la nature et de l'âme. Ainsi se présente ,avec le double attrait de la grâce et de la force, le volume de vers de M. Jules Gayraud, intitulé *Chants du désert*. Ce sont des pièces de sujet et de ton différents, mais toutes d'une véritable inspiration poétique, d'une remarquable facture.

Le recueil s'ouvre par une suite de beaux chants lyriques sur l'enfer et le ciel, le bien et le mal, Lucifer et Caïn, la vie et la mort, où l'on sent le souffle puissant de la Bible. Ces pièces-là se recommandent aux amateurs de la grande poésie. Mais la lyre de M. Gayraud sait prendre tous les tons. Dans le reste du volume, trente autres compositions également remarquables font passer l'âme du lecteur du grave au doux, du plaisant au sévère. On peut ouvrir le recueil au hasard ; tout y est bien, tout y est beau ; tout est d'un poète, et d'un poète chrétien.

ARTHUR LOTH

LE MATIN (*31 Décembre 1888*) :

Chants du désert, par Jules Gayraud.—Un beau titre pour un livre et que justifie bien ce bouquet de poésies philosophiques tour à tour tendres ou mélancoliques, mais toutes empreintes d'un sentiment vrai et rendu dans une élégante simplicité.

Presque tout serait à citer dans ce recueil, mais nous signalerons surtout : *La lutte du bien et du mal, L'Honnête homme ; La fiancée ; Suprême misère* ; et ce sonnet tout oriental, sous le titre de *Haïtcha* dans lequel l'auteur a exprimé toute la vague et mélancolique rêverie d'une sultane au milieu des magnificences des cours.

La Femme et la Famille. M. Gayraud dit :

La poésie est une flamme,
Un éclair dans la nuit glacée ;

et, plein de cette pensée, c'est au cœur de l'hiver qu'il
publie un charmant volume de strophes ailées et so-
nores. On dirait une envolée d'oiseaux chanteurs, tra-
versant rapidement l'espace, en égrénant les perles
de leur gosier. C'est un véritable écrin, renfermant
cinquante-deux pièces étincelantes, que le livre intitulé : *Chants du désert.* Citer un auteur est un éloge.
Citons au hasard :

CHUTE DES FEUILLES.

Voici les derniers soirs d'automne.
L'hiver, ce vieillard monotone,
Vers nous s'avance à pas comptés,
Avec la neige, avec la bise
Qui souffle dans sa barbe grise,
Avec la mort à ses côtés.

Les jours sont courts, les nuits moroses;
Adieu le printemps et les roses,
Les fruits d'or sous les rameaux verts !
Déjà la forêt se dépouille :
Sa feuille a des teintes de rouille,
Et les chemins en sont couverts.

Noir destin, image du nôtre !
Nous verrons choir, l'un après l'autre,
Jusqu'aux pensers de notre esprit.
Ainsi tout croît, mûrit et tombe ;
Ainsi tout marche vers la tombe :
Mais Dieu nous reste et Dieu suffit !

Par ce dernier trait l'on voit que le poète est franchement chrétien ; en effet, l'inspiration chrétienne anime tout l'ouvrage et ajoute à son intérêt. Nos meilleures félicitations au poète.

A. de BENQUE d'AGUT.

L'AMI DES LIVRES.

Chants du désert, par Jules Gayraud·

Tout le volume est plein de perles. Il débute sur un ton de vrai lyrisme ; tels sont . *le pleur éternel, l'éclair du Jugement, la grande force, la lutte du bien et du mal, la chute de Lucifer, etc.* Citons :

LA LUTTE DU BIEN ET DU MAL

Chassé des cieux comme un rebelle,
Satan promenait sa fureur
Au sein de la nuit éternelle
Qu'habite une éternelle horreur.

Cet astre éteint à son aurore,
Au fond du cœur gardait caché
Le souvenir, récent encore,
Du ciel perdu par son péché,

Lorsqu'un matin, l'esprit immonde
Vit les portes d'azur s'ouvrir :
Dieu descendait créer ce monde :
Satan s'empressa d'accourir.

Viens ! s'écria-t-il, plein d'envie,
O vengeance, alléger mon sort !
Dieu va partout semer la vie :
Allons partout semer la mort !

Au premier rayon de lumière
Se dégageant du noir chaos,
Satan détourna la paupière :
La rage lui brûlait les os !

Et dès qu'il vit le premier homme
Dans le jardin délicieux,
Le serpent lui montra la pomme
Qui devait fasciner ses yeux.

La bonté divine attristée,
Fit la douce Vierge et le Christ :
Le libre-penseur, l'homme athée
Fut l'œuvre du malin esprit.

Il se félicitait dans l'ombre,
Croyant Dieu vaincu sans retour,
Car il avait pour lui le nombre
Qui croît, hélas, de jour en jour ;

Quand il entendit sur sa tête
Un son lugubre et solennel :
C'était l'effroyable trompette
Du grand archange saint Michel.

Il vit alors s'ouvrir l'abîme,
Et comparaître à ce signal,
L'innocence à côté du crime,
Au pied du divin tribunal.

Mais l'une était belle et candide ;
Les anges lui disaient : ma sœur !
L'autre était hideux et sordide ;
Satan lui-même en eut horreur.

Il voulait fuir : déjà sa haine
Avait fait place à son dégoût ;
Les sombres feux de la géhenne
N'étaient rien devant cet égout.

Dieu lui dit : esprit plein de rage,
Voici le lot qui te revient :
A chaque ouvrier son ouvrage ;
Cette œuvre infecte t'appartient.

A moi la gloire et la louange !
A moi la vie et la beauté !
A toi l'écume, à toi la fange,
L'ordure immonde et le péché !

Alors un horrible silence
Se fit : le juge prononça :
L'abime ouvrit sa gueule immense,
Et l'éternité commença !

Toujours le trait final se détachant du morceau,
comme le parfum se détache de la fleur, comme la
lueur de la lampe, avec la moralité qu'il comporte et
qui est à l'âme et au cœur un rayon, une chaleur, un
baume.

Je veux citer encore ces titres : *l'Honnête homme,
A ma Tortue, la Fauvette et le Muguet, la Fiancée, Au
pied d'une Croix, Aux âmes tièdes, Prends garde,
Sanglots, Myosotis, Résurrection, A une ombre.*

Le lecteur qui se sera procuré les *Chants du désert*
voudra toujours les avoir à la portée de sa main. Il y a
tant de sentiments divers exprimés, tant de situations
de la vie intérieure saisies au vol qu'on semble s'y
retrouver soi-même heure par heure et moment par
moment.

Nous ignorons si l'auteur fait ses débuts dans ce
volume : si cela est, nous sommes heureux de lui dé-

cerner nos modestes encouragements et d'ajouter :
Continuez, poète !

Gabriel Alcyoni.

REVUE DU MONDE CATHOLIQUE

Je ne saurais, sans injustice, passer sous silence
le joli volume de vers, *Chants du désert*, par M. Jules
Gayraud. Je regrette, faute d'espace, de ne pouvoir citer qu'une petite pièce. On verra que ce solitaire est
un vrai poète, et son livre compte plusieurs pièces
aussi distinguées :

Voici les derniers soirs d'automne.

(*Voir ci-dessus.*)

Georges Maze.

M. Gayraud, imprimeur, Malleville-les-Grès (Seine-Infér⁰⁰)

Léthargie

—

Pigredo immittit soporem.
(Prov. xix, 15.)

Quand le cœur sans amour dans son néant se plonge,
Si ce lâche repos trop longtemps se prolonge,
Il se rouille, impuissant à quelque mâle effort.
La grâce s'en éloigne ou le traite en marâtre ;
Semblable à ces étangs où croupit l'eau saumâtre,
Il tombe en un sommeil précurseur de la mort.

Car vivre, c'est agir, c'est aimer. La nature
Partout dans le repos trouve sa sépulture,
Et l'être qui languit approche de sa fin.
Le flot pour exister bat sans cesse la rive,
Le sang revient toujours au cœur dont il arrive :
L'âme est morte quand Dieu n'excite plus sa faim !

Lorsque le voyageur perdu dans la savane,
Aperçoit à travers la vapeur diaphane,
Un palmier solitaire offrant un sûr abri,
Il s'assied sous son ombre, et lassé de sa route,
D'une oreille inquiète un moment il écoute,
Puis sur le sable étend son corps endolori.

Il s'endort ! et bientôt, de sang humain avide,
Accourt un noir vampire à la langue perfide,
Collant sa lèvre impure à ces membres si beaux,
Et sans le réveiller en épuise la sève ;
Lorsque l'infortuné vers l'aube se relève,
Il ressemble au fantôme errant sur les tombeaux.

Son sort, lâche, est du tien la trop fidèle image !
Hélas ! que ne sens-tu quel immense dommage
L'esprit du mal te cause en ton fatal sommeil !
Que de temps et d'efforts avant que tu conquières
A ton âme sa force et sa beauté premières :
Le monstre en a tiré le sang pur et vermeil !

Qui pourra secouer ta longue léthargie ?
Le noble coursier, plein d'une sombre énergie,
Sous l'éperon sanglant se relève éperdu ;

Le bœuf lent et tardif quand le bouvier le presse,
Sous le dur aiguillon gourmande sa paresse :
Dieu parle à l'âme tiède et n'est pas entendu.

Hâte-toi, le jour fuit, l'ombre se fait plus dense :
Ne tente pas plus loin la sainte Providence ;
Sur Lazare au tombeau vois ton Sauveur frémir,
Vois la mort qui surprend le mauvais riche à table ;
Tremble de partager son sort épouvantable
Dans la nuit éternelle où Dieu va te vomir.

4

Sur une théologie de Salamanque.

—

Un homme, eût-il fort peu d'argent,
Avec la Bible et Salamanque,
Ne peut passer pour indigent :
    Rien ne lui manque !

Mais n'appelez jamais heureux
Même avec tout l'or de la banque,
Qui n'a la Bible et Salamanque.
On le croit riche et c'est un gueux
    A qui tout manque.

20 Février 1888

Un vanneau à son meurtrier

A. M. G. BOULET

Pour m'immoler, ô Boulet redoutable,
Par quel démon te laissas-tu tenter ?
Nul fin gourmet ne m'admet sur sa table :
Qui d'un vanneau pourrait se délecter ?

Ma mort est donc un exploit lamentable
Que depuis lors tu dois bien regretter,
Cœur généreux, sensible et charitable
Qui sur tes pas sèmes l'or sans compter !

Sois de ton plomb désormais plus avare :
Prends en pitié l'oisillon qui s'égare :
N'imite pas ce siècle dont la main
Ne sait forger que des engins pour nuire,
Dont l'art suprême est celui de détruire :
L'homme n'est grand que lorsqu'il reste humain !

14 Octobre 1889

A un octogénaire.

——

Octoginta anni: et amplius eorum
labor et dolor.
(Ps. xxxix. 10.)

Ne t'attends plus, vieillard, qu'à tristesse et souffrance.
Par tous les vents du ciel ton vaisseau démâté,
Ayant doublé le cap de mauvaise espérance,
Entre au noir océan de la caducité.

30 Octobre 1889.

Vanité de la vie

Quæ est enim vita vestra? Vapor ad modicum parens et deinceps exterminabitur.
(Jac. IV, 15.)

Qu'est-ce donc que la vie ? Une vapeur légère
Qui monte et se dissipe au sein de l'atmosphère,
Un nuage inconstant changeant toujours de lieu,
Un feu follet qu'on prend de loin pour une flamme,
Une ombre : notre corps est l'ombre de notre âme,
        L'âme est l'ombre de Dieu !

Nous mourons chaque jour : une part de nous-même
Tombe, et notre chemin de débris se parsème.
A l'heure où nous parlons, tout notre passé dort
Avant nous dans la tombe où notre présent croule,
        Et la minute qui s'écoule,
        Je la partage avec la mort !

8

Du chemin parcouru je cherche en vain la trace :
Dans un lointain obscur tout se mêle et s'efface
Sur ce fleuve du temps que nul n'a remonté ;
Où nos maux centuplés sont notre seule escorte,
Où sceptique ou croyant le flot roule et m'emporte
Aux rives de l'éternité.

Légende.

—

Amen dico tibi: hodiè mecum eris in paradiso.
(LUC. XXXIII. 43.)

I.

Bien noire était la nuit, l'heure était avancée,
La neige à gros flocons sur la terre glacée
Tombait. Dans les vieux pins la bise s'engouffrait.
Un homme au front pensif, à la noble stature,
Une femme, un enfant, sur une humble monture,
Passants mystérieux traversaient la forêt.

Au détour d'un sentier une pauvre cabane
A leurs regards s'offrit : la sainte caravane
S'y rend à la lueur rougeâtre du foyer ;
Elle frappe : une femme aux traits durs qui l'habite
Leur crie : allez plus loin, ma demeure est maudite :
Ce seuil ne fut jamais un seuil hospitalier !

— Ouvrez, au nom du ciel que ce toit nous protège !
Sans vous nous périrons sous le givre et la neige.
Ouvrez : Dieu dans le pauvre est lui-même assisté !
C'est le Dieu d'Abraham, d'Isaac, de nos pères,
Qui bénit les troupeaux et rend les champs prospères,
Qui ramène l'espoir sous le chaume attristé !

L'ogresse tressaillit ; son œil devint humide :
Un enfant au berceau râlait, pâle et livide ;
Elle plongea sur lui son regard anxieux,
De l'âtre presque éteint fit revivre la flamme,
Et levant le loquet, s'écria : sur mon âme,
C'est une vision des habitants des cieux !

O couple infortuné dont le sort m'intéresse ;
A fuir ces lieux maudits que votre pied s'empresse :
Mon époux est un monstre aux mains rouges de sang.
Souriant doucement, la Vierge (c'était elle),
Répondit : Le Seigneur nous couvre de son aile,
Il veille sur le juste et garde l'innocent.

Puis, joignant elle-même au précepte l'exemple,
Elle entra sous ce toit qui dès lors devint temple,
Recélant des trésors à la terre inconnus.

Le logis prit un air de triomphe et de fête,
Le petit moribond soudain leva la tête,
Tendant des bras joyeux au saint enfant Jésus.

II.

Au dehors grandissait d'heure en heure l'orage,
Et tandis que le vent mugissait avec rage,
Sous trois coups vigoureux la porte s'ébranlait.
C'était notre brigand : velu comme un satyre,
Sa face était sinistre et je renonce à dire
Quel pater à Satan dans l'ombre il grommelait.

Ouvre donc ! cria-t-il d'une voix de tonnerre.
Grand Dieu, c'est mon époux ! Oh pauvres gens, que faire ?
Marie alors sourit et d'ouvrir s'empressa :
Ruisselant de sueur, de sang, couvert de neige,
Cachant sous sa chlamyde une arme sacrilège,
L'œil encor menaçant le bandit s'avança.

A l'aspect d'étrangers, sur sa prunelle fauve
L'éclair jaillit terrible et l'on vit son front chauve
Se plisser, et sa bouche écumer de fureur.
Femme, quel sont ces gens ? — De pauvres mercenaires

Par l'orage surpris ; accueillons-les en frères,
Peut-être à notre toit porteront-ils bonheur.

Tout à coup, comme on voit la rose printanière
Sous le zéphyre éclore, au fond de sa tanière
L'ours, desserrant les dents, sourit aux inconnus ;
Pour la première fois, il se sentit une âme,
Et s'approchant de l'âtre où pétillait la flamme :
Femme, murmura-t-il, qu'ils soient les bienvenus !

Cependant par les soins de l'hôtesse empressée,
Devant le couple saint une table est dressée ;
Le bandit hésitait, lui, naguère arrogant,
A s'y placer, saisi de secrète épouvante ;
Mais celle qui de Dieu se dit l'humble servante ;
Elle-même daigna servir le vil brigand.

Vers la fin du repas, transformé sous les charmes
Du saint enfant Jésus, on eût surpris deux larmes
Aux cils du vieux voleur : que vous êtes heureux,
Dit-il à saint Joseph : Dieu bénit le mérite ;
Pour nous, frappés du ciel, notre race est maudite,
Notre enfant n'est, hélas, qu'un horrible lépreux.

Celui dont les arrèts sont justes, mais sévères,
Punit dans les enfants les crimes de leurs pères,
A son tour s'écria l'hôtesse en sanglotant.
La Vierge répondit : père plein de tendresse,
A revenir à lui Dieu par ses coups nous presse,
Mais il ouvre ses bras au pécheur repentant.

Puis pressant l'enfant-Dieu sur sa chaste poitrine,
Baisant son front vermeil et sa lèvre enfantine,
Elle ajouta : Voyez, déjà l'aube paraît ;
Pour baigner mon enfant, donnez-moi de l'eau pure,
Bientôt il nous faudra, sur notre humble monture,
Reprendre notre course à travers la forêt.

Quoi, déjà, dirent-ils d'une voix attendrie ;
Où portez-vous vos pas ? Quelle est votre patrie ?
Nous fuyons, dit Joseph, vers les rives du Nil,
Mais celui qui permet l'épreuve passagère,
Un jour nous rappelant de la terre étrangère,
Daignera mettre un terme à notre dur exil.

Oh ! songez, au retour, à cette humble chaumière
A qui vous apportez la joie et la lumière,
S'écrièrent émus les deux pauvres larrons !

La Vierge cependant vers le seuil se dirige,
Et pour consoler ceux que son départ afflige :
Bon espoir, leur dit-elle, un jour nous reviendrons.

L'atmosphère était calme et pure. La rafale
S'apaisait : telle on voit une ardente cavale
L'œil en feu, modérer sa course sous le frein ;
L'aurore se levait dissipant la froidure,
Sous la neige fondante un tapis de verdure
Dans le lointain s'offrait au fond d'un ciel serein.

Partons, dit saint Joseph à la reine des anges !
Partons ! chantaient aux cieux les célestes phalanges.
De ses hôtes alors la Vierge prit congé,
Et d'un baiser bien tendre où transpirait son âme,
Elle paya l'hôtesse en disant : pauvre femme,
Baigne ton cher enfant où le mien a plongé.

III.

Longtemps les deux maudits, sous les roches massives,
Suivirent du regard leurs célestes convives ;
Puis tout s'évanouit au loin sous l'horizon ;
Alors les pleurs brûlants, les sanglots éclatèrent,

Et mornes et pensifs au logis ils rentrèrent :
Hélas ! il leur semblait une horrible prison !

Près d'eux l'enfant pleurait : Viens, dit la pauvre mère,
Viens, je vais te baigner dans une eau salutaire ;
A quoi bon, murmura le bandit abattu ?
(Car il ne croyait point), mais au sortir de l'onde,
Vermeil était l'enfant guéri du mal immonde,
Car jamais un bienfait devant Dieu n'est perdu !

IV.

Trente ans plus tard, un soir, sur une roche sombre
Où trois suppliciés agonisaient dans l'ombre,
On recueillait ces mots sous les gibets maudits :
Pensez à moi, Seigneur, dans votre ciel immense !
Une voix répondit : pour toi le ciel commence,
Tu seras en ce jour mon hôte en paradis !

C'était la douce voix de celui qui console,
Qui pour un verre d'eau, qui pour une humble obole,
Donne un bonheur sans fin. L'heureux solliciteur
Était l'enfant lépreux dont Jésus se fit l'hôte ;
On l'appelle depuis le bon larron : bien haute

Est dans les cieux sa gloire auprès du bon Pasteur.

Tous ici-bas, chrétiens, nous sommes des coupables,
Des larrons comme lui, comme lui condamnables :
Car pécher, c'est voler la gloire du Seigneur.
Mais un divin passant qui va de porte en porte,
Un mendiant d'amour avec lui nous apporte
Dans un mot de pardon notre éternel bonheur.

Quand ce pèlerin passe, au sein de la tempête,
Il n'a pas une pierre où reposer sa tète,
Il a faim, il a soif, il cherche un peu de feu :
C'est la faim et la soif de s'unir à toute àme ;
Au foyer donnons lui la place qu'il réclame,
Et d'un cœur pénitent faisons l'aumône à Dieu.

Accusé de réception

A M. A. LEREBOURS

J'étais à méditer sur cette vie austère
Qu'embrassèrent les saints pour s'élever aux cieux,
Quand ma sœur m'annonça, d'un ton plein de mystère,
Votre royal présent qui me rend soucieux.
Perdreaux, lapin et lièvre !... Oh ! quelle gâterie !
Je deviens sybarite ! Aussi, je vous en prie,
A l'avenir, Monsieur, soyez plus timoré.
Bien que l'intention soit pure et méritoire,
Vous enverriez tout droit votre pauvre curé
Pour ses péchés mignons rôtir en purgatoire !

31 Octobre. Vigile de la Toussaint 1889

Le crabe & le vignot.

—

Un crabillon à l'air féroce,
Étreignant un vignot chétif,
Se donnait le plaisir atroce
De le déchiqueter tout vif.

D'un seul coup sa terrible pince
Avait fait voler en éclats
La cloison unique, assez mince
Du pauvret qui criait : hélas !

Hélas ! Il faut donc que je meure
N'ayant pas su me ménager
Une autre porte à ma demeure,
Pour fuir à l'heure du danger !

Homme d'étude ou de prière,
Contre le fâcheux, l'indiscret,
Ouvre une porte de derrière ;
Tu n'en auras point de regret.

6 Novembre 1889

Ours mal léché.

Un de ces ours qu'on montre dans les fêtes,
Venu, dit-on, mal léché, l'air commun,
De ce pays où cent moutons moins un
Plus le berger, font tout juste cent bêtes,
Un ours enfin éduqué savamment,
Grognait sans cesse au moindre compliment
Qu'on adressait à ses copains de foire :
Singe, cheval ou caniche savant,
Et pour lui seul revendiquait la gloire.
Il est des gens qui pensent se grandir
En rabaissant partout le vrai mérite,
Que le talent des autres fait bondir,

Et qu'un succès des plus légers irrite.
L'ours dénigrait, dénigrait, dénigrait,
En se disant à part soi, non sans cause,
Qu'en mentant fort, peut-être il resterait
Dans l'auditoire à la fin quelque chose.

Que j'en ai vus de ces ours à deux pieds
Mettant sans cesse un frère en gibelotte :
Esprits chagrins, cerveaux atrophiés,
Pesants ballots bourrés de camelotte !

9 Novembre 1889

Cœurs brisés.

Antequam conteratur exaltatur cor hominis.
(Prov. xviii. 12.)

Sous tous les horizons l'homme vain et fragile
Est dur aux malheureux dans la prospérité.
Son cœur semble pétri de cette verte argile
Qu'aux bords de l'Amazone on voit de tout côté.
Dans le fleuve immergée elle devient si tendre
Qu'elle prend sous les doigts la forme que l'on veut ;
La hache la plus dure ailleurs ne peut la fendre :
L'égoïste est ainsi : rien, hélas, ne l'émeut !
Pour s'attendrir il faut qu'il boive à l'onde amère,
Il faut qu'il ait pleuré des larmes et du sang,
Et que Dieu l'ait brisé sous sa verge de père
Pour qu'il garde à son frère un œil compatissant.

Le chemin de la gloire

—

Pauvre artiste qui crois que le talent suffit
    Pour réussir en ce bas monde !
Le vrai levier, c'est l'or : c'est ce métal immonde
    Qui fait briller l'esprit !
A la porte du temple un cerbère se dresse
    Qui défend d'approcher.
Si tu veux parvenir, jette un os à ronger
    Aux bouledogues de la presse !

9 Novembre 1889

Désespérance.

Spiritus tristis exsiccat ossa.
(Prov. xvii, 22.)

Malheur à qui trop tôt laisse envoler sa joie !
A grand'peine il parcourt la moitié de sa voie :
La morne solitude a centuplé ses maux ;
Sous le faix des chagrins, du dépit, de la haine,
Son sang noir et glacé court plus lent dans sa veine :
Un monstre a dévoré la moëlle de ses os.

Comme l'oiseau de nuit qui voit dans les ténébres,
Il a des songes pleins de visions funèbres ;
Les mets les plus exquis sont pour lui sans saveur ;
Une feuille, un roseau qu'un léger souffle agite
Éveille un long effroi dans son sein qui palpite
Et se couvre soudain d'une froide sueur.

Sa vie est, en un mot, comme une mort vivante :
Du présent accablé, l'avenir l'épouvante :
Il doute, il ne croit plus à la sainte amitié ;
Tout de son noir chagrin tristement se colore :
Le printemps est sans fleurs, le matin sans aurore,
La terre sans espoir et le ciel sans pitié !

La Cétoine & le Coprophyle.

———

La cétoine à l'aile dorée
Au coprophyle dit un jour :
Frère, fixons notre séjour
Dans cette plaine diaprée.
Là, voletant de fleur en fleur,
Nous mènerons céleste vie :
C'est un destin digne d'envie !

J'en connais pourtant un meilleur,
Reprit l'amateur d'immondices,
Va, ma sœur, t'enivrer de miel,
Je n'ai point de ces goûts du ciel,
Et le fumier fait mes délices.

Rien n'est bon que ce qui nous plaît.
L'azur est l'élément de l'ange ;
L'être avili cherche la fange :
Pour beaucoup, le beau c'est le laid !

11 Novembre 1889

À bientôt.

—

Neuf coups d'aile du temps sur le cycle lunaire,
Pomone de nouveau rajeunira la terre,
Et ceux qui maudissaient un abandon cruel,
Éclairés par Toto grognant après Folette,
S'en iront écumer la plage de Veulette
Et pêcher la truite au gué de Paluel.

En la Vigile de la fête de Sainte Eugénie
14 Novembre 1889

La ballade du rossignol.

Le rossignol, sous la feuillée,
Chantait son chant du paradis,
Et Marguerite émerveillée
Rêvait sous les cieux attiédis.

Elle était triste, la pauvrette,
Et pleurait sans savoir pourquoi,
Mais l'oiseau, d'une voix discrète,
Lui dit : Ma sœur, écoute-moi.

Le rossignol, sous la feuillée,
Chantait son chant du paradis,
Et Marguerite émerveillée
Rêvait sous les cieux attiédis.

Pour qu'en nos yeux le bonheur brille,
Il faut un nid et des amours,
Il faut créer une famille ;
Il faut aimer, aimer toujours.

Le rossignol, sous la feuillée,
Chantait son chant du paradis,
Et Marguerite émerveillée
Rêvait sous les cieux attiédis.

Il faut pour calmer sa souffrance,
Former son cœur à la pitié,
Ouvrir son aile à l'espérance,
Ouvrir sa porte à l'amitié.

Le rossignol, sous la feuillée,
Chantait son chant du paradis,
Et Marguerite émerveillée
Rêvait sous les cieux attiédis.

Il faut chanter, chanter encore,
Chanter toujours sous le ciel bleu,
Chanter le printemps et l'aurore,
Chanter la gloire du bon Dieu.

Le rossignol sous la feuillée
Chantait son chant du paradis,
Et Madeleine émerveillée
Rêvait sous les cieux attiédis.

18 Novembre 1886.

Inscription.

*Pour mettre au bas du portrait
de M. l'abbé Bru, curé de Veulettes,
peintre de nature morte.*

———

Aimable artiste et Pasteur de Veulette,
Site enchanteur où vient gronder la mer,
Comment peux-tu tirer de ta palette
Des fleurs, des fruits, même au cœur de l'hiver,
Et, défiant l'auteur de la nature
Qui soumet tout à la loi du trépas,
Nous faire éclore en ta vive peinture
Tout un Eden qui ne se flétrit pas?

19 Novembre 1889

À Sapho

Jument de M. l'abbé Fiquet,
curé de Saint-Pierre-en-Port.

Cavale à l'œil de feu, oh ! fuis la destinée
De l'antique Sapho dont le nom ne meurt pas,
Qui chanta dans Lesbos, amante infortunée,
Dont les rocs de Leucade ont pleuré le trépas.
De ton sabot léger bats le sol en cadence,
Secoue au vent du soir tes crins où luit l'éclair,
Mais près de la falaise avance avec prudence,
Et ne va pas jeter ton maître dans la mer.

21 Novembre 1889

Souviens-toi de la mort.

Memor esto quoniam mors non tardat :
(ECCLI. XIV, 12.)

Souviens-toi de la mort dans tes tendres années,
A tes jeux innocents quand ta mère sourit :
Les fleurs de l'amandier tombent à peine nées ;
Leur blanche mousseline en un jour se flétrit.

Souviens-toi de la mort dans ta belle jeunesse,
Quand la vie apparaît à tes yeux de quinze ans
Comme un riant Éden, sans que ton cœur connaisse
Le ver rongeur caché sous ces biens séduisants.

Souviens-toi de la mort dans la force de l'âge,
Quand dans tes veines encor coule un sang généreux :
Si l'autan furieux s'élève sur la plage,
D'un coup d'aile il abat le chêne vigoureux.

34

Souviens-toi de la mort quand la triste vieillesse
Aura courbé ta tête, aura glacé tes os,
Dans tes nuits sans sommeil, dans tes jours sans liesse,
Quand la feuille des bois tombe au courant des eaux.

Souviens-toi de la mort quand l'aurore se lève,
Que le pâtre réveille et compte son troupeau ;
Souviens-toi de la mort lorsque le jour s'achève,
Dans la nuit sur ta couche, image du tombeau.

Souviens-toi de la mort lorsque dans ta demeure
L'horloge comme un glas sur un cercueil béant
Gémit, et que, jaloux, le temps, heure par heure,
Jette ton existence en pâture au néant !

Souviens-toi de la mort en tous lieux et sans cesse :
Chaque pas t'en rapproche et leur nombre est compté ;
Partout son spectre blême autour de nous se dresse,
En nous montrant du doigt la double éternité !

Quatre-vingt-neuf.

En dix-sept-cent quatre-vingt-neuf,
Dans les cachots de la Bastille,
Une poule couvait un œuf
Dont il nous reste la coquille,
En dix-huit-cent quatre-vingt-neuf.

14 juillet 1889

L'ombre

Tiré d'Ovide (lib. III trist. eleg. 4.)

A UN JEUNE HOMME.

In loco magnorum ne steteris.
(PROV. xxv. 6.)

Crois-en, mon jeune ami, ma longue expérience :
Vis dans ta sphère et crains un nom retentissant ;
Garde loin des grandeurs ta noble indépendance :
C'est sur les hauts sommets que la foudre descend.
Crois-moi, celui-là seul mène une heureuse vie,
Qui n'a jamais fui l'ombre où le ciel l'a placé.
Révère le destin : tout orgueil est folie !
Coule en paix tes beaux jours sans gloire et sans envie,
Près d'un ami fidèle à te plaire empressé !

Volupté

—

Qui vescebantur voluptuose, interierunt
in viis. (THREN. IV, 5.)

Mouche frivole
A tête folle,
Tout le jour vole
De fleur en fleur,
Et sur sa voie
Cherchant la joie,
Souvent se noie
Dans la douleur ;
Car la lutine
Trop libertine,
A chaque épine
Laisse un lambeau ;

Toujours avide,
Griffe perfide
L'étend livide
Dans son tombeau !
Jeunesse ardente,
Mais imprudente,
Que toujours tente
La volupté,
Plaisirs sans nombre
Ne sont qu'une ombre
Où parfois sombre
Douce gaîté !
Qui trop les aime
Perd souvent même,
Malheur suprême,
Ce beau séjour
Que Dieu réserve
A qui s'observe,
Et qui conserve
Son saint amour !

Béchiques.

A Monsieur A. Lerebours
Pour une boite de pastilles de réglisse.

L'an mil huit cent quatre-vingt-neuf,
Le jeudi, vingt et un novembre,
Un colis, pas plus gros qu'un œuf,
Me fut remis, parfumé d'ambre.
Depuis lors, je vois clairement
Qu'une pastille de réglisse
Vaut mieux qu'un agent de police
Pour arrêter un enrouement.

22 Novembre 1889.

Vagabond

Vagus et profugus super terram.

Philosophe en haillons, ce nouveau Diogène
Ennemi du travail et de tout ce qui gène,
Sans femme et sans enfants, au bord du grand chemin,
La besace à l'épaule et la gaule à la main,
Se traîne....Où va-t-il donc ? Comme l'âne qui broute
Il va droit devant lui sans demander sa route.
Sa patrie est le monde : il erre en liberté,
Un seul amour au cœur : le doux *far niente* !
Si l'homme le méprise et maudit sa paresse,
La nature du moins le gâte et le caresse :
A lui l'air pur, l'espace et le ciel radieux.
Le rossignol lui garde un chant mélodieux,

La forêt ses senteurs, le ruisseau son murmure.
Le taillis sa noisette et le buisson sa mûre.
Le soir quand il a faim, vers l'heure du souper.
A chaque porte il va discrètement frapper.
Le bourgeois, le fermier, le manant, tout le monde
Regarde avec effroi ce mendiant immonde,
Et, songeant que la nuit mainte grange a brûlé,
On lui jette une obole en mettant tout sous clé !

23 Novembre 1889

Première neige.

Qui dat nivem sicut lanam

Le ciel comme un drap mortuaire
S'étend sur le morne horizon,
Et la neige, ce blanc suaire,
Couvre le toit de la maison.

Un vent de mort et de tristesse
Gémit sur les vitraux mouvants :
On dirait une âme en détresse
Qui vient implorer les vivants.

Que d'indigents dans leur masure,
Entre les vieux murs crevassés,
Demi-nus, souffrent sans mesure
Au coin de l'âtre ramassés !

O toi qui recueilles leurs plaintes,
Qui revèts la brebis des champs,
Fais tisser par des âmes saintes
Des manteaux pour ces pauvres gens !

27 Novembre 1886

Caute ambula

Quand les sveltes demoiselles
Au bord du lac azuré
Font étinceler leurs ailes
Sur leur manteau diapré,
Crains leur naturel perfide,
Papillon, n'approche pas :
Sous leur dent de chair avide
Tu trouverais le trépas.

3 Décembre 1889.

Abîmes.

—

Tria sunt insaturabilia, et quartum quod nunquam dicit: sufficit. Infernus, et os vulvœ, et terra quœ non satiatur aquá : ignis vero nunquam dicit : sufficit.
      *(*PROV. XXX. 15, 16*)*

L'ENFER.

Par delà les confins de nos terrestres plages,
Au fond des noirs volcans, soupiraux de l'enfer,
Sombre séjour hanté par d'éternels orages,
Où sur les fils d'orgueil pèse un sceptre de fer ;
Dans le grand lac de feu qui sans fin les dévore,
Les maudits sont en vain l'un sur l'autre entassés,

L'enfer s'écrie : encore ! encore !
Et ne dit jamais : c'est assez !

LA VOLUPTÉ.

Sur la mer de ce monde il est une sirène
A la voix caressante, aux yeux fascinateurs ;
L'impure volupté, c'est elle, nous entraîne
Vers le perfide écueil, par ses chants séducteurs.
C'est là que vient sombrer l'esclave qui l'adore,
Et sous son pied foulant mille et mille insensés,
     Elle s'écrie : encore ! encore !
     Et ne dit jamais : c'est assez !

LA MORT.

Voici la pâle mort qui nuit et jour moissonne :
Dans les champs du carnage elle aime à se montrer ;
Quand resplendit l'acier, quand le bronze au loin tonne,
A la sanglante orgie elle accourt s'enivrer.
Que lui font ces mourants que la guerre dévore ?
Quand le sombre fléau montre ses bras lassés,
     La mort lui crie : encore ! encore !
     Et ne dit jamais : c'est assez !

L'AMOUR

Mais le divin amour est encor plus avide :
Abîme dont nul n'a sondé la profondeur !
Les tourments, le trépas à la face livide
Ne sauraient ralentir sa dévorante ardeur.
En vain l'ingratitude et l'oubli qu'il abhorre
Montrent leur front hideux, leurs traits durs et glacés,
  L'amour s'écrie : encore ! encore !
  Et ne dit jamais : c'est assez !

Spera et fac

Le hérisson de mer,
Infaillible prophète,
Annonce la tempête
Sous le ciel encor clair.
Un petit grain de sable
Lui sert d'ancre : il descend
Dans l'abîme insondable
Où le calme l'attend.
Là, loin du sombre orage
Dont il entend la voix,
Humble et fier à la fois,
Il insulte à sa rage.

En vain le flot montant
Des colères humaines,
Sage, bat en grondant
Le vaisseau que tu mènes,
Qui pour ancre a l'espoir
Et la foi pour boussole,
Aisément se console
En faisant son devoir.

4 Décembre 1889

L'or

Pecuniæ obediunt omnia.
(Eccl. x, 19.)

Que pâle, quand l'or parle, est toute autre harangue !
Que froids sont vos sermons, Massillons, Bossuets !
L'or seul sait nous convaincre, et, sans mouvoir la langue
Fait entendre les sourds et parler les muets.

L'or est le roi du monde : il donne à tout du lustre,
Procure des amis, du crédit, des honneurs ;
Par lui le roturier s'allie aux grands seigneurs,
Le sot a de l'esprit, le rustre n'est plus rustre !

A ma Fantaisie.

A M. André Bouic.

———

*Est quædam operatio in homine quæ
dividendo et componendo format
diversas rerum imagines, etiam
quoe non sunt a sensibus acceptæ.*
(Sum. theol. i quœst. lxxxiv. art. 6 ad 2)

Dans les champs éthérés, plane, ô ma fantaisie,
Passe de Rome en Grèce et de Grèce en Asie,
Vole d'un pôle à l'autre et de la terre au ciel,
Recueillant en chemin, que je dorme ou je veille,
Mille trésors nouveaux, comme la sage abeille
Qui va de fleur en fleur pour composer son miel.

Tandis que ta cavale à travers monts galope,
L'astronome, penché sur son long télescope,
Fouille les profondeurs du monde sidéral.

Tu vois bien au-delà : ton rôle est de connaître
Non ce qu'est l'univers, mais ce qu'il pourrait être
Et du monde réel tu tires l'idéal !

Nourrice des beaux arts et mère du génie,
De la création tu pressens l'harmonie.
Sous des membres divers en un corps réunis :
Ici cueillant un pied et là-bas une tête,
Tu nous fais admirer cette beauté parfaite
Dont notre astre déchu n'offre que les débris.

La nuit comme le jour tu voyages sans trève,
M'emportant dans tes bras au doux pays du rêve.
Qu'ils viennent des dieux bons ou des esprits méchants,
Par la porte de corne ou la porte d'ivoire,
J'ai gardé plus d'un songe au fond de ma mémoire
Dont je veux faire un jour le thème de mes chants.

12 Décembre 1889.

Abîmes & sondes.

Sicut aquâ profunda, sic consilium in
corde viri, sed homo sapiens exhauriet illud.
(Prov. xx, 5.)

Un homme simple est sans apprêt :
Son âme luit sur son visage ;
Il n'en est pas ainsi du sage
Qui dans son sein garde un secret ;
Mais, comme en une mer profonde,
Un plus sage y jette la sonde :
Craignez les femmes et le vin !
Si Dalila, d'une caresse,
Lia Samson, on voit l'ivresse
Délier la langue au plus fin.

L'esclave roi.

Per tria movetur terra ...per servum cum regnaverit.
(Prov. xxx, 21.)

Tremble, ô peuple, quand tu verras
Le vaisseau sans agrès, sans vivres, sans pilote,
Livrer son gouvernail aux mains d'un vil ilote ;
Tremble !... avec lui tu sombreras !

Celui que le ciel fit pour l'humble servitude,
N'a point d'un cœur royal reçu la plénitude :
A d'étroits horizons son regard est borné :
Le plus dur des tyrans, le plus cruel des maîtres,
Le plus rampant des vers, et le plus vil des traîtres,
Est un esclave couronné !

Zoïles.

Industrias animadverti patere individiæ proximi.
(Eccli. iv; 4.)

O vous tous qui couvez des œuvres immortelles.
Homères ou Platons, Zeuxis ou Praxitèles,
L'envie est là : l'envie à l'œil morne et chagrin :
D'aboiements furieux cette chienne enragée
Vous poursuivra partout : sur votre renommée
On la verra porter sa dent envenimée :
Mais vos noms sont gravés sur le marbre et l'airain !

Rien ne peut arrêter la fureur d'un Zoïle ;
Sur tout chef-d'œuvre il aime à déverser sa bile :
Tout pèse à son orgueil comme un lourd cauchemar ;
Les applaudissements qu'on prodigue au génie

56

Le marquent d'un fer rouge : alors la calomnie
Coule de son stylet qu'avec rage il manie :
      C'est le noir venin du calmar.

L'ordre éternel voulut pour rendre l'homme sage,
Que des biens et des maux il fit l'apprentissage :
La douce paix est sœur de l'humble obscurité ;
Du vautour sur son roc le génie est la proie ;
La gloire le relève et le malheur le broie :
Le sort mêle partout la tristesse à la joie,
      Le succès à l'adversité !

Fortune

—

Vos... qui ponitis Fortunæ mensam.
(Is. LXV, II.)

La fortune se joue
De ses adorateurs ;
Au sein de leurs grandeurs,
Encore un tour de roue,
Ils tombent des hauteurs
Et roulent dans la boue
Sous les ris contempteurs.
La déesse frivole
De l'un à l'autre vole.
Sur qui ne l'attend pas
Souvent pose son aile,
Mais court-on après elle,
Elle fuit à grands pas :
C'est une précieuse
D'humeur capricieuse.

Gâteries

A Monsieur Lerebours, (accusé de réception.)

———

A l'aurore des temps, parmi les touffes d'herbe,
Sous le pommier fatal gisait le fruit acerbe.
Eve qui n'osait plus le mettre sous sa dent,
En prit le reste informe et pour calmer son homme
Qui lui boudait un peu, fit un sucre de pomme.
Adam s'en régala : je suis enfant d'Adam !

2 Janvier 1890

Microbes.

A M. le Docteur Leprévost

——

Immisitque Dominus pestilentiam in Israël.
(II. Reg. xxiv. 15.)

Des méchants grandissait et le nombre et l'audace.
Les saints priaient, jeûnaient et se voilaient la face.
Alors l'ange Hazaël, le sombre justicier,
Au fond des cieux tremblants éveilla la comète :
Va briser, lui dit-il, l'orgueilleuse planète.
Attends, dit le Seigneur, le jugement dernier !

La voix des grandes eaux s'éleva des abîmes,
S'offrant à l'Éternel pour le venger des crimes.
Dieu dit à l'Océan : Demeure dans ton lit !
Les volcans dilatant leur ténébreux cratère
Sous des torrents de feu voulaient purger la terre :
Attendez que le temps, dit Dieu, soit accompli.

La tempête agitait ses ailes frémissantes
S'écriant : ô Seigneur, pourvu que tu consentes,
Mon souffle détruira la maison du pécheur,
Et j'ensevelirai son orgueil sous des ruines.
Mais comprimant son ire entre ses mains divines :
Ce n'est point toi, dit Dieu, qui seras mon vengeur !

Alors se présenta le démon de la guerre
Avide de carnage et qui ne chôme guère.
Il tenait à la main son glaive ensanglanté ;
Autour de lui hurlaient le soufre et le salpêtre.
Il criait à la mort : Viens, tu vas te repaître !
Tu ne châtieras point, dit Dieu, leur impiété !

Les fauves rugissaient dans les forêts profondes :
Les grands monstres marins mugissaient sous les ondes ;
Les vautours humaient l'air sur leurs rochers moisis.
Une voix leur cria : Dormez dans vos tanières,
Sous vos flots inquiets jusqu'aux heures dernières,
Monstres, ce n'est point vous qu'en ce jour je choisis !

Dieu fit signe au fléau qui se tenait dans l'ombre,
Et qui, sous le soleil comme dans la nuit sombre
Dérobait sa présence aux regards curieux.

Était-il chair, esprit ? Nul ne voyait sa face.
Nul n'entendait sa voix résonner dans l'espece.
Nul ne pouvait saisir l'être mystérieux.

Et le fléau partit pour ravager le monde.
Toute chair qu'il souillait sous son étreinte immonde
Se tordait aussitôt comme un foin desséché.
Les cités se changeaient en vastes nécropoles ;
Les cercueils alignés sous les hautes coupoles
Plaignaient le fossoyeur sur sa fosse penché.

On ne voyait partout que terreurs et qu'alarmes.
Les cloches dans les airs pleuraient toutes leurs larmes
Tous : vieillards, hommes mûrs, femmes, petits enfants
Succombaient. Les savants disaient : c'est un microbe.
Mais nul d'eux n'indiquait la couleur de sa robe,
Ni s'il venait du sol, des ondes ou des vents.

Plus de chanson frivole ou de danse lascive :
Comme au temps de Jonas toute âme était pensive :
Aux pieds des saints autels ployant les deux genoux,
La foule des pêcheurs silencieuse et sombre
Se frappait la poitrine et murmurait dans l'ombre :
Seigneur, Dieu tout-puissant, ayez pitié de nous !

Épitaphe de Pierre Comestor

———

Sous ce linceul poudreux que cèle une humble pierre,
Moi qui fus Pierre aussi, surnommé Comestor,
Je dors, rongé des vers et du fond de ma bière
Ainsi qu'en mon vivant j'enseigne dans la mort.
Je dis à tout passant : Arrête, enfant des hommes,
Vois où, grands et petits, nous allons tour à tour,
Et songe : Il fut jadis ce qu'aujourd'hui nous sommes.
Ce qu'il est maintenant nous le serons un jour.

21 Mai 1890.

A l'étoile du soir.

IMITÉ D'OSSIAN

A Mademoiselle Marie Albanel

———

Que cherches-tu dans la vallée,
Rêveuse étoile, enfant du soir ?
Dans le ruisseau, chaste miroir,
Je vois ta tête échevelée
Percer l'azur du firmament,
Où sur le nuage dormant,
Brille ta flamme immaculée.

L'orage a fui nos horizons,
Et le bruit du torrent s'apaise.
La vague au pied de la falaise
Dort. On entend les moucherons

Agitant leurs ailes bruyantes,
Et dans les plaines verdoyantes
On voit passer leurs escadrons.
Luis sur nous, étoile bénie !
Dans le silence de la nuit,
Le barde à ta clarté poursuit
Les visions de son génie.
Il revoit là des ombres chères
Qui sur son luth glissent légères,
Éveillant des flots d'harmonie.

3 Octobre 1890

Le poids du sceptre.

A PROPOS DES ATTENTATS CONTRE L'EMPEREUR DE RUSSIE

Qui altam facit domum suam, quærit ruinam.
(PROV. XVII, 16.)

Insensé qui pour un empire
Change sa paix ; que de tracas !
Ces trônes que la foule admire
Tombent parfois avec fracas.
Une garde en vain les protège,
Jusque dans leur brillant cortège
Les rois ont des conspirateurs ;
Tandis qu'ils tremblent pour leur vie,
Le chaume ne craint ni l'envie,
Ni les larrons, ni les flatteurs.

Super aspidem

Ventus aquilo dissipat pluvias, et facies tristis
linquam detrahentem.   (Prov. xxv, 23.)

Quand les froids aquilons soufflant sur nos rivages
Chassent devant leurs pas la pluie et les nuages,
Le ciel se déridant nous montre un front d'azur.
Si le vil détracteur comme un hideux reptile
Vient, du venin mortel que sa langue distille,
Souiller en ta présence un nom candide et pur,
Ne l'encourage pas : prends un visage austère
Qui le glaçant d'effroi le contraigne à se taire ;
Cite-lui ces deux vers, qu'en beau style latin,
Sur sa table jadis gravait saint Augustin :
« Sachez que de ce lieu l'entrée est interdite
« A qui sur son prochain porte une dent maudite ! »

Nosce teipsum.

—

De sa force enivré, ce siècle de lumière
A remué le monde et sondé la matière ;
Il mesure les cieux sous son savant compas ;
Il a des chars légers : son ardente parole
Sur des ailes de feu d'un pôle à l'autre vole,
Et malgré tout cela, l'homme est resté frivole,
      Et ne se connait pas !

C'est que, pour se sentir, pensive et solitaire,
L'âme en soi doit rentrer, quitter des yeux la terre,
De tout être créé perdre le souvenir,
Monter, monter toujours vers de plus hautes cimes,

Et, l'oreille penchée au-dessus des abîmes,
De sa vie écouter les battements sublimes,
  Et l'éternel soupir.

Plus l'homme se connaît, mieux au fond de lui-même
Il sent palpiter Dieu, amour, beauté suprême :
L'âme humaine est son temple et le cœur son autel.
C'est là qu'à son Seigneur elle doit rendre hommage,
Seule apte à le connaître et faite à son image ;
Seule elle peut comprendre et goûter son langage,
  Seule elle aspire au ciel.

Il est dangereux de trop faire voir à l'homme combien il est égal aux bêtes, sans lui montrer sa grandeur. Il est encore dangereux de lui trop faire voir sa grandeur sans sa bassesse. Il est encore plus dangereux de lui laisser ignorer l'un et l'autre. Mais il est très avantageux de lui représenter l'un et l'autre.

Il ne faut pas que l'homme croie qu'il est égal aux bêtes, ni [qu'il croie qu'il est égal] aux anges, ni qu'il ignore l'un et l'autre ; mais qu'il sache l'un et l'autre.   (PASCAL. PENSÉES)

Que sert de se livrer à tant d'études vaines,
De chercher, consumant tout le sang de ses veines,
La perle au fond des mers, l'étoile au fond des cieux ?
Il est une science en fruits bien plus féconde :
C'est dans son propre cœur qu'il faut jeter la sonde :
Dieu n'est mort que pour l'homme et tous les biens du
       Ne sont rien à ses yeux !   [monde

Epitaphe

de Monsieur l'Abbé Delaune

—

Ci-gît le bon abbé Delaune.
Quand Dieu forma son entité.
Il ne se servit point de l'aune
Commune à notre humanité.
Gai, serviable et point austère,
Ni finassier, quoique Normand,
Ce cœur d'or, sans fard ni mystère
Attend en paix le jugement.
Mais pour tout dire et ne rien taire,
On chercherait bien vainement
Plus grand original sur terre.

24 Juin 1890.

Luge !

A Monsieur l'abbé Bru.

—

Travaille avec ardeur, ô peintre solitaire.
Ne laisse pas dormir ton magique pinceau :
Dans un lâche repos le don du ciel s'altère :
Tant que souffle le vent laisse aller ton vaisseau !

Laisse-toi dévorer par ta flamme inquiète,
Contemplant la nature et la nuit et le jour
Avec tes yeux d'artiste et ton cœur de poète,
Comme un amant jaloux qui vient faire sa cour.

Songe, pour t'exciter, que ces toiles charmantes
Te survivront peut-être et qu'après le tombeau,

Des esprits délicats sortis de nos tourmentes
Diront : comme il avait le sentiment du beau !

O Bru, cet idéal pour lequel tu t'enflammes,
Est aussi le seul bien dont mon cœur soit épris,
Je n'admire que Dieu, l'art et les nobles âmes :
Tout le reste est vulgaire et digne de mépris.

J'admire les héros tombés pour la patrie :
Macchabée expirant pour son peuple opprimé,
Jeanne sur son bûcher qui sanglotte et qui prie,
Succombant pour la France et son roi bien-aimé.

Colomb guidant au loin sa blanche caravelle
Vers la rive inconnue objet de tous ses vœux,
Dans la cité des pleurs Dante qui nous révèle
Ce que souffre un maudit parmi les sombres feux.

Mais il te faut à toi des émotions douces :
Tu peindras ton vieux père assis au coin du feu,
Des tourteaux sur un lit de varechs ou de mousses
Et les fleurs du printemps, ces sourires de Dieu.

Heureux qui peut léguer en quittant cette vie

Comme un saint héritage à des êtres aimés,
De glorieux travaux, enfants d'un beau génie,
Où palpite son cœur sous nos regards charmés.

14 Juillet 1890

Shylock

—

Il nous vient d'Orient d'où vient aussi la peste,
Avec ses doigts crochus et son nez recourbé.
Tout en lui sonne faux : l'esprit, la voix, le geste,
Et son métier honteux, la loi l'a prohibé.

Il a tous les instincts de sa race maudite :
Rampant, trompant, volant, sans honte et sans remords
Rôdant autour des camps, vautour cosmopolite,
Pour servir d'espion et dépouiller les morts.

Depuis qu'il a percé son Dieu sur le Calvaire,
Haï du monde entier, le cœur rempli de fiel,

Il va, le front courbé, sans pouvoir se défaire
De son obsession, ni regarder le ciel.

Quand Dieu veut châtier des nations indignes,
Son ange fait un signe et le fléau descend.
L'obscur phylloxéra vient épuiser nos vignes
Et l'infâme Shylock notre or et notre sang.

15 Juillet 1890

Le crocodile & le petit pluvier

—

Nemo sibi sufficiens.
(Imit.)

Le fier Léviathan sur l'arène se roule :
De ses yeux enflammés s'élancent mille éclairs ;
Il mugit de douleur : des moucherons en foule
Couvrent sa gueule immense et lui rongent les chairs.
Que lui sert maintenant cette invincible armure
Où s'émoussaient les traits qu'il foulait sous ses pas ?
Le roseau qui s'agite et l'onde qui murmure
De ce roi du désert pleurent l'affreux trépas !
Soudain s'abat du ciel sur le hideux reptile
Un tout petit oiseau près du monstre en faveur ;
A son approche on voit le cruel crocodile
Entr'ouvrir la mâchoire et bénir son sauveur :

En quelques coups de bec l'oisillon le délivre :
Nul ne peut se suffire, et le plus fort souvent,
Sans le secours du faible aurait cessé de vivre :
S'entr'aider est la loi de tout être vivant.
Les talents du prochain viennent en aide aux nôtres ;
Toujours par quelque endroit chacun reste incomplet :
Deux par deux le Seigneur envoyait ses apôtres,
Moise invoquait Dieu quand Aaron parlait.

Larmes d'Aspasie.

A UN JEUNE INSENSÉ

———

Ne va pas t'émouvoir à l'aspect d'une larme
Dont une courtisane a su se faire une arme !
Elle veut te tromper par de feintes douleurs ;
Le hideux crocodile à l'aspect de sa proie,
Verse des pleurs aussi : ce sont des pleurs de joie,
Car l'œil humide encore il l'étreint et la broie :
Ainsi tu périras, si tu crois à ses pleurs !

Ni oui ni non

—

Sachant combien l'homme est fragile
Et pèche en discours superflus
Dieu nous dit au saint évangile :
Répondez oui, non, rien de plus,
Car tout le reste est perfidie.
Fidèle à ce conseil, dit-on,
Jadis le peuple en Normandie
Répondait oui, répondait non.

Un meunier changea cet usage
En jouant au diable un bon tour.
Tout normand tint double langage

Et finassa depuis ce jour.
Si ce récit ne vous ennuie,
Vous y trouverez la raison
Pourquoi les gens de Normandie
Ne disent plus ni oui ni non.

Donc d'un vieux meunier insolvable
On allait vendre le moulin.
Pour un motif inavouable
Rôdait par là l'esprit malin :
Veux-tu qu'au mal je remédie,
Dit-il, l'ami, voici mon nom ?
Mais le meunier de Normandie
Ne répondit ni oui ni non.

Or ça, veux-tu devenir riche,
Fit Satan d'un ton patelin ?
Dis-moi si j'ai belle barbiche
Et je te rendrai ton moulin.
Un bon miroir sans flatterie
Vous montrera votre menton,
Fit le meunier de Normandie
Qui ne disait ni oui ni non.

Satan mordit sa barbe grise
Et de fureur grinça des dents :
Voilà, dit-il, qui me défrise,
Ce gaillard-là me met dedans !
Gare à la fin de la partie :
Jouons serré. Je perds mon nom
Si ce meunier de Normandie
Ne me répond ni oui, ni non.

Il prit un sac plein de pistoles,
Et le posant sur un dressoir :
Assez, dit-il, de mots frivoles :
Ceci t'appartient dès ce soir,
Mais parle franc : affirme ou nie,
Ou je te fais changer de ton,
Comme un chrétien de Normandie
Dis seulement soit oui, soit non.

Es-tu chrétien, réponds sans crainte ?
Est-ce au vieux crédo que tu crois ?
Le meunier, s'armant de l'eau sainte,
Fit alors un signe de croix,
Et Satan, sans cérémonie,
S'enfuit, plumé comme un dindon

Par ce meunier de normandie
Qui ne disait ni oui ni non.

Ainsi-soit-il, fit le bonhomme,
Achevant le signe sacré,
Me voici, grâce à cette somme,
D'un fameux embarras tiré.
Ici finit la comédie.
Pour voler le diable, dit-on,
Depuis ce temps en Normandie
On ne répond ni oui ni non.

16 Juillet 1890

LES DEUX AILES

DISCOURS LU A LA DISTRIBUTION DES PRIX DE L'ÉCOLE COMMUNALE DE MALLEVILLE-LES-GRÉS

Dédié à Monsieur A. Lerebours, maire de Malleville-les-Grés.

Le 10 Août 1890

Les deux ailes

—

Omnia duplicia, unum contra unum.
(ECCLI. XLII, 25.)

Mes chers enfants, s'il faut deux ailes
Au grand aigle, au petit pinson,
S'il faut deux rames aux nacelles
Et deux nageoires au poisson,

Sur l'océan de cette vie
Où son vaisseau semble un fêtu,
Le sage, après Dieu, se confie
A son savoir et sa vertu.

Savoir ! Vertu ! Ailes de l'âme
Qu'elle deploie au bord du nid,
Pour s'élancer, lumière et flamme,
A travers l'espace infini !

Tout petits, vos pensers naguères
Embrouillés dans votre cerveau,
Invitaient les doigts de vos mères
A démêler cet écheveau.

Et les mots sur vos lèvres roses
Cherchaient à prendre leur essor,
Et vous gazouilliez bien des choses
Sans pouvoir les comprendre encor.

On vous amenait à vos maîtres,
Le cœur gros, l'œil gonflé de pleurs,
Ignorant, charmants petits êtres,
Que rien ne s'acquiert sans douleurs.

Mais on s'aguerrit avec l'âge :
Pour beaucoup la raison a lui,
Et l'école n'est plus la cage
Où l'oisillon se meurt d'ennui.

Aujourd'hui, c'est un fait notoire,
Vous voici déjà forts, sachant
La géographie et l'histoire,
L'arithmétique et l'art du chant.

La science est un don superbe.
Quant à moi, j'en fais un grand cas,
Et cependant, docteurs en herbe,
Le savoir seul ne suffit pas.

Oui, sans doute, il est doux, bien doux de savoir lire.
Dans les longs soirs d'hiver, en un loisir forcé,
Les pieds sur les chenets, on peut suivre un navire
Et voyager partout sans s'être déplacé.

L'esprit prend son essor, suit, des plages normandes,
Le capitaine Cook autour du pôle austral,
Mesure avec Humbold les hauts sommets des Andes,
Fouille auprès d'Arago le monde sidéral.

Il aime à contempler sous leurs multiples formes
Les fleurs du continent, les algues de la mer,
L'insecte diapré et les fauves énormes
Repliés pour bondir sur leurs jarrets de fer.

Ce désir inquiet de savoir toute chose,
De hanter les sommets pour sonder l'horizon,
De remonter toujours de l'effet à la cause,
Est l'éternel honneur de l'humaine raison !

J'aime mieux voir cela que de voir dans sa hutte
Pleine d'êtres chétifs, pâles, mourant de faim,
Cet ivrogne sans cœur geignant comme une brute,
Qu'on rapporte ivre-mort du cabaret voisin.

Honneur donc au savoir : il élève et console,
Il adoucit les maux du mortel abattu ;
Mais la science impie est une vierge folle :
Je préfère cent fois l'ignorante vertu.

N'est-il pas vrai, Messieurs, vous qui savez la vie,
Que le talent n'est rien sans la mâle énergie,
Qu'un homme de bon sens vaut bien certains lettrés,
Et que dans nos cités, en observant la foule,
Vous avez vu souvent, dans ce flot noir qui roule
Passer des gens d'esprit fort mal équilibrés ?

La science sans Dieu est une viande creuse
Qu'on devrait prohiber, car elle est dangereuse
Pour la santé publique et la saine raison.
C'est elle, sous les doigts d'un fou cosmopolite
Qui prépare l'engin chargé de dynamite,
Qui, dans un vil pamphlet distille le poison.

La science montant sur l'aile du génie,
C'est Newton emporté dans les champs d'Uranie
Et qui pèse les cieux comme avec un levier,
Colomb sur son vaisseau fendant les mers profondes,
C'est Laplace penché sur le berceau des mondes,
C'est Lavoisier, Fulton, Biot, Ampère et Cuvier.

La science, c'est vous, dans de plus hautes sphères,
Philosophes profonds, artistes et trouvères,
Vous, Dante, Raphaël, saint Thomas, Augustin,
Colosses de savoir, géants de la pensée,
Phares dressés par Dieu sur la côte avancée
Pour guider notre esprit de sa route incertain !

La science est encor, inconnus du vulgaire,
Ces modestes chercheurs dont le sort fut précaire,
Qui par milliers sont morts, une auréole au front !
Mais si leur gloire est belle, une autre la surpasse :
Celle du dévouement qui jamais ne se lasse,
Celle de la vertu qu'aucun or ne corrompt.

Le dévouement, c'est toi, ô Jeanne, humble bergère,
Qui voyant envahir cette France si chère,
Sens ton cœur agité d'un indicible émoi,

Qui, fuyant, pour prier, tes compagnes rieuses,
Écoutes dans les airs des voix mystérieuses
Te pressant de voler au secours de ton roi !

C'est toi bravant la mort sur vingt champs de bataille,
Plus intrépide au feu que Lahire et Xaintraille,
Mais après le combat, simple, douce et sans fiel.
En te voyant passer le bon peuple de France   .
Bénissant Dieu pleurait de joie et d'espérance :
N'étais-tu pas pour lui l'ange envoyé du ciel ?

Monte plus haut : ta mort va surpasser ta vie !
Dieu veut ta part plus belle et plus digne d'envie :
Tu ne reverras plus les champs de Vaucouleurs,
Ta maison, ton vieux père et ta modeste église ;
Mais au pied du bûcher où ton âme agonise
La France entière un jour viendra jeter des fleurs !

Le dévouement obscur, c'est ce chef de famille
Probe, laborieux et dont le regard brille
De joie en apportant son salaire au foyer.
C'est sa femme au cœur d'or, tendre mère qui veille
La nuit sur le berceau du petit qui sommeille
Et qu'un ingrat labeur courbe sur le métier.

C'est la religion assistant l'indigence,
Fermant la plaie hideuse, ouvrant l'intelligence.
C'est le bon serviteur, le maître paternel.
C'est tout amour d'en haut qui se donne et s'oublie,
Qui brûle d'imiter la sublime folie
D'un Dieu mort sur la croix pour nous ouvrir le ciel !

Enfants, formez en vous un cœur vaillant, austère,
Esclave du devoir. Ayez un caractère
Ferme et doux à la fois. Ce siècle déjà vieux
A fait des bacheliers, des docteurs, mais point d'hommes
C'est là son côté faible et l'on dit que nous sommes
Au dessous sur ce point de nos rudes aïeux.

Nous avons conservé ce courage vulgaire
Qui fit d'eux des héros terribles à la guerre,
Mais on n'ose au grand jour montrer son écusson,
Ni braver les railleurs, ni parler comme on pense,
Ni de ses droits sacrés prendre en main la défense :
Catholique avec Pierre, avec Jean franc-maçon !

Ne craignez que Dieu seul et ses coups redoutables.
Enfants. Montrez-vous bons, humains, doux et affables,
Même au méchant qui va triste, un stigmate au front,

Car le malheur aigrit, car le remords déchire :
Enfants, faites à tous l'aumône d'un sourire,
Et vous serez aimés et tous vous béniront.

Vous faut-il des leçons ? Je vous en propose une :
Le premier magistrat de cette humble commune
Pourra vous enseigner comment on fait le bien,
Car il est généreux et plein de tolérance :
Ce que je dis tout haut, chacun ici le pense :
C'est un cœur à l'antique, un aimable chrétien !

Puissiez-vous, chers enfants, couler des jours prospères
Dans vos humbles travaux, sous le toit de vos pères,
Sous ce chaume où leur cœur a prié, combattu,
Prenant le ciel pour but et la foi pour boussole,
Et mariant toujours, espoir qui nous console,
A l'aile du savoir celle de la vertu !

Merci

A Monsieur Gaston Boulet

J'ai reçu votre lettre où le remords sincère
De certain vannicide accompli l'an passé
Transpire à chaque ligne. O triste anniversaire !
Mais c'est assez de pleurs sur le cher trépassé.

Du reste il vit encore : il vit dans sa dépouille
Embaumée avec soin comme un mort d'autrefois.
Il vit pour consoler plus d'un chasseur bredouille
Qui noiera **son dépit** en raillant vos exploits.

Avant hier, au château, dans le festin de chasse,
De la chaîne d'amis on comptait les anneaux,
Et chacun déplorait de voir vide la place
Du cher Gaston Boulet, le tueur de vanneaux.

94

Aussi le premier toast et le plus chaud peut-être,
Fut pour vous, cher Monsieur, et maintenant, merci
Au nom des pauvres gens, au nom du divin Maître,
De l'aimable quêteuse et du cercle choisi !

Que le Seigneur longtemps alimente en votre âme
Ce besoin de donner, de faire des heureux,
De répandre votre or sans bruit et sans réclame :
Le plus beau don du ciel est un cœur généreux.

Pour le déshérité cette vie est si sombre !
Sous le vent du malheur pliant comme un roseau,
Pour lui le mauvais riche est un arbre sans ombre,
Un astre sans rayons, un grand canal sans eau.

Mais l'homme bienfaisant est un Dieu sur la terre :
Son or est une clé, sa parole est un miel
Au cœur de l'indigent qui bout comme un cratère
Et sans lui maudirait les hommes et le ciel.

9 Septembre 1890

A ma Muse

A. Monsieur J. Albanel

O Muse de la poésie,
Pourquoi toujours, fille du ciel,
M'offrant ta coupe d'ambroisie,
Y mêler l'absinthe et le fiel ?
Semblable à la flamme follette
Qu'on voit briller au sein des nuits,
Si j'accours, tu me fuis, coquette,
Si je veux fuir, tu me poursuis.
Ton nectar n'est point pour la terre,
Ne m'abuse pas plus longtemps,
Quand tu ne peux, sans adultère,
Répondre à mes soupirs ardents.

J'espérais, vision divine,
Voir par toi mes maux tempérés,
Comme on demande à la morphine
Ou l'opium des rêves dorés
Mais, pareille à l'amour profane
Qui torture les cœurs humains,
Tu te plais, beauté diaphane,
A me glisser entre les mains.
Je sais aujourd'hui ce que coûte
L'eau qui là-haut coule à torrents ;
Tu nous en fais boire une goutte
Au prix de labeurs dévorants.
Va-t'en : tu n'es qu'une vaine ombre !
Mais..... qui viendra me consoler ?
Je suis triste et la vie est sombre :
O garde-toi de t'envoler !
Éveille en moi de nouveaux songes :
Puisque tout n'est que vanité,
Je préfère tes doux mensonges
A la fade réalité !

26 Septembre 1890

Dominus domi.

———

Monsieur obéit à Madame,
Sa tendre moitié qui n'a d'yeux
Que pour son petit chien Pyrame,
Lequel n'a ni maîtres ni dieux.

22 Septembre 1896

A propos d'un lièvre.

A M. A. B.

———

Si la chasse est comme la guerre,
Vous devez être un bon guerrier,
Ayant si bien couché par terre
Ce gentilhomme du terrier.

Moi, qui suis un homme d'église,
Ne pouvant tuer sans remords,
Pour que nul ne se scandalise,
Je m'en vais m'occuper des morts.

23 Septembre 1890

A la mémoire de Joseph Poulenc

BIENFAITEUR DE LA VILLE D'ESPALION

———

Juste comme Joseph dont il porta le nom,
On le vit, jeune encor, briller, esprit d'élite.
Savant, lettré, croyant, il laisse un grand renom
Et d'immenses bienfaits dont le Rouergue hérite.
Pétrarque sur son aile est venu nous revoir.
Harmonieux et tendre, il nous le fit connaître :
Poète comme lui : pour traduire un tel maitre,
Oh ! sans le sens du beau, que pâle est le savoir !
Une foule attendrie a prié sur sa tombe :
Les puissants, les petits rèdisaient ses vertus ;
Enviant son destin, car les plus abattus
N'osaient trembler sur lui : le juste qui succombe
Chante au seuil du tombeau le doux chant des élus.

22 Septembre 1890

À propos d'une gravure

destinée au Littoral de la France.

—

Quel est ce brave et fier marin
Appuyé sur un bastingage ?
Il me semble connaître un brin
Cette tournure et ce visage.
Mon sergent ou mon caporal :
(Je distingue mal vos sardines)
Désormais sur le Littoral
Nous verrons de superbes mines.
Nos respects à votre amiral,
Et nos compliments, je vous prie,
A nos bons amis de Paris :
A Joseph, Françoise et Marie,
Sans oublier Miss Vert-de-gris.

8 Novembre 1890

LA CRITIQUE AUX ENFERS

SATIRE

Dédié à Monsieur Roquigny,
Conseiller général de la Seine Inférieure.

La critique aux enfers.

PLUTON (*assis et rêveur voit entrer Ménippe*)

Ce cher Ménippe ici ! Par Bacchus, quel bon vent
L'amène où je voudrais le rencontrer souvent ?
Plût au ciel qu'on l'y vit, même un seul jour sur mille !

MÉNIPPE

Je ne me mêle point à ce troupeau servile
Qui rampe aux pieds des grands, hypocrite et flatteur,
Du vice couronné infâme adorateur ?

PLUTON

Je le sais et comprends le prix de ta visite.
Oh ! Ménippe n'est point l'importun parasite,
Le chien couchant qui lèche et jappe et fait le beau.
Je méprise et je hais ce lâche et vil troupeau
Dont tu viens de parler : foule inconstante et traître,
Toujours prête à louer les caprices du maître.
Aussi, bien qu'entouré d'une brillante cour,
Le dégoût et l'ennui m'assaillent tour à tour.
Hélas ! j'aurais besoin d'un ami véritable
Et n'aperçois partout que des amis de table,
Des pourceaux d'Épicure avides de plaisirs.
Ta visite répond à mes secrets désirs.
Que le sceptre, ô Ménippe, est lourd !

MÉNIPPE

                    Lourd, pour nous autres,
Oui, mais pour vous léger ! Faites les bons apôtres !
Les rois chantent toujours cette vieille chanson :
Ils se moquent de nous d'agréable façon.
Eh ! Messieurs les tyrans, si le sceptre vous pèse,
Qui vous empêche donc de vous mettre à votre aise,

De vivre comme nous, humblement et sans soin ?
Mais nous vous connaissons. Vous feriez au besoin
Empaler les trois quarts des sujets d'un empire
Pour régner sur le reste à l'instar d'un vampire.

PLUTON

Ah ! Cher Ménippe, un roi s'ennuie énormément.
Tâche donc d'inventer quelque délassement
Qui me déride un peu.

MÉNIPPE

Pour rappeler la joie
Sur ta face de plomb, va fondre, oiseau de proie,
Sur quelque état voisin dont tu massacreras
Les pauvres habitants et dont tu pilleras
Le trésor. Ce sont jeux de prince et de pirate
A qui les maux d'autrui désopilent la rate.

PLUTON

Ménippe !

MÉNIPPE

On peut encor plaire à vos majestés
Parfois soûles de sang par d'autres voluptés,
En envoyant la nuit des pourvoyeurs infâmes
Dans les bras des époux ravir d'honnêtes femmes.
Doux plaisirs défendus ! amusements de roi !

PLUTON (*à part*)

J'ai la démangeaison de l'étriller, ma foi !

MÉNIPPE

Le ventre d'un tyran est un gouffre insondable.
Veux-tu, roi des enfers, qu'on te dresse une table
Monstrueuse et ployant sous les dons de Cérès.
Actéon va pour toi dévaster les forêts.
Neptune t'enverra plus de bars et de truites
Qu'on ne voit de pavés dans cent villes détruites.
Là, les pourceaux titrés qui composent la cour
Vont s'engaver à l'aise et boire tout le jour,
Puis t'offriront leurs vœux dans une plate épître
En style de doyen amoureux d'une mitre.

Voilà, Pluton, de quoi chasser loin ton ennui.

PLUTON

Tu t'égares, Ménippe, et sauras aujourd'hui
Que ces délassements que de toi je réclame
N'ont rien de bas : ce sont des voluptés de l'âme.
A la table qu'ici je veux que vous dressiez
On n'admet point de vins ni d'aliments grossiers,
Mais de beaux sentiments et de hautes pensées.
Je n'entends pas ravir de jeunes fiancées.
Ce que je veux tantôt dévorer du regard
Sont des travaux d'esprit, les chefs-d'œuvre de l'art ;
Et quant à ces combats cruels où le sang coule :
J'en ai l'horreur ! Mais si les poètes en foule
Daignaient m'offrir ce soir un tournoi de beaux vers,
Je me consolerais d'être roi des enfers.
Mon cher Ménippe, ô toi, philosophe et poète,
Ne peux-tu te charger des apprêts de la fête ?
Les enfants d'Apollon, sont, je crois tes amis.

MÉNIPPE

Ils le sont tous, Pluton, tous, c'est-à-dire, hormis

Ceux que j'ai critiqués, (plus nombreux qu'on ne pense)
Gens prompts à pardonner toute espèce d'offense.
Excepté celle-là ! Quels sont tes préférés ?
Aimes-tu les anciens : les poètes sacrés,
Le chantre d'Ilion, le cygne de Mantoue,
Ou le divin Horace ?

PLUTON

Il faut que je l'avoue.
Je suis las des anciens ! Je les sais tous par cœur.
Le vieil Homère endort. Horace est trop moqueur,
Virgile est larmoyant : tous les autres sont ternes.
Fais-moi connaître un peu les poètes modernes.
Mets à l'œuvre pour moi quelques bardes fameux.
Qu'ils nous offrent des vers bien frappés, point brumeux.
On dit les Gaulois forts dans cet art de bien dire.

MÉNIPPE.

Des modernes Gaulois je ne veux point médire.
A mon avis pourtant les anciens chantaient mieux.
Mais il faut contenter le caprice des Dieux :
Vous aurez des Gaulois ! Deux ou trois ce soir même

Vous seront présentés. Ah ! quel plaisir extrême
Vous allez leur causer ! Car ils sont vaniteux !
Mais vaniteux ! Enfin ! ! !...,.

PLUTON.

Je me passerai d'eux.
Apporte moi leurs vers. Fais-moi grâce des têtes !
Oh ciel ! Qu'en ce séjour j'en ai vus de poètes !
Ils sont comme tu dis, vaniteux, si gonflés
Que je n'ai jamais vu de gens plus aveuglés.
Daignez leur accorder de vous scander dix mètres,
Et vous voilà perdus. Vous n'en êtes plus maîtres !
Ils vous suivent partout, la nuit comme le jour :
Moi, j'adore un beau chant, mais il faut qu'il soit court.
Je vais jusqu'au quart d'heure : au-delà je m'ennuie
Et le sommeil me gagne à moins que je ne fuie.
Demande à tes amis un tout petit morceau
Bien pensé, bien senti, coulant comme un ruisseau :
Le sujet à leur choix : je ne veux rien prescrire :
Il m'est indifférent de pleurer ou de rire.
Va, fais vite !

MÉNIPPE

'A bientôt.

PLUTON (*seul*)

Je ne sais trop vraiment
Si je ne deviens pas moi-même un peu dément
En voulant me passer la sotte fantaisie
De me griser ce soir avec leur ambroisie.
Moi, le fils de Saturne et le roi des enfers,
Demander à ces fous de m'écrire des vers !
Devrais-je m'abaisser à de pareilles choses !
Hélas ! même pour nous parfois tout n'est pas roses,
Et quand l'ennui vous mord, on revient malgré soi
Aux fables, aux chansons, simple mortel ou roi.
Les plus mâles humains, les esprits les plus graves
Ne se délivrent pas toujours de ces entraves,
Et préfèrent souvent à d'utiles travaux
Les rêves des charmeurs, enfants de leurs cerveaux.
Il faut se résigner à subir cet empire
Et ces chants que le ciel ou l'enfer leur inspire.

(tournant la tête)

Qui vient là ? Par Bacchus, Caron le vieux nocher !
Eh bien ! quoi de nouveau ?

CARON.

Ne va pas te fâcher,
Pluton, si je t'apporte une triste nouvelle :
C'est un projet nouveau qui hante ma cervelle.
Longtemps à ton service attaché, j'ai vieilli
Dans un ingrat labeur et n'ai jamais failli.
Je fus, tu l'avoueras, un nautonnier de marque.
Mais le bras se refuse à conduire la barque.
Dans les brouillards du Styx, malgré mon lourd manteau,
J'attrappe à chaque instant des rhumes de cerveau.
J'ai du bien, tu le sais, grâce à ce monopole
De passer seul les morts au prix d'une humble obole,
Et n'ayant jamais rien dépensé follement.
Je crois donc qu'il convient, avec ton agrément,
De déposer la rame et prendre sa retraite.

PLUTON.

Souhaitons que jamais Caron ne le regrette !
Quant à moi je vais perdre un brave serviteur.
Dis-moi, ne pourrais-tu prendre un coadjuteur ?
Chacun à votre tour vous feriez le voyage
Et vous partageriez par moitié le péage.

CARON.

Un piètre arrangement qui n'est pas sérieux !
Je vais te proposer quelque chose de mieux.
Daigne écouter, Pluton, sans jamais m'interrompre.
Avec notre routine il est grand temps de rompre.
Nous sommes arriérés ! Songe donc : Un vieux bac
Dont on n'offrirait pas un paquet de tabac.
Tout vermoulu, cassé, prenant l'eau par la cale,
Avec lequel il faut sans cesse faire escale.
Et cela pour porter les innombrables morts
Que la Parque sans bruit entasse aux sombres bords.
Tandis que des vivants le monde se transforme.
On traverse les mers sur un navire énorme
De cinq cents pieds de long et mû par la vapeur.
Le moyen, cher Pluton, d'abréger le labeur

Est d'en acheter un. J'en serai capitaine.
Mets-y quelques marins : j'en veux une centaine.
Quant aux conditions, ne t'en mets en émoi :
L'honneur sera pour eux et le naule pour moi.

PLUTON

Vieil avare !

CARON.

L'argent ! Voilà ma seule idole !
J'ai pour me remonter l'aspect d'une pistole,
Et certaine chanson sur un air du vieux temps.

PLUTON

Ah ! voyons ta chanson.

CARON

Hum ! Hum ! C'est que ma gorge !

PLUTON (*lui tendant une boîte de pastilles :*)

Tiens ! Prends du Géraudel.

CARON

Fi ! J'ai du sucre d'orge.

(Il chante :)

Dans ma barque on voit des gens
    De toute nature.
Des fripons intelligents
    De superbe allure,
Des marchands, des procureurs,
    Des ducs et des empereurs.
    La triste aventure,
        O gué !
    La triste aventure !

A ma gauche un vieux viveur,
    Pourceau d'Épicure,
Grand mangeur et grand buveur,
    Fait triste figure.
Son ventre est à l'unisson :
    Il gémit à sa façon !
    La triste aventure,
        O gué !

La triste aventure !

Un gros marchand réputé
　　Homme de droiture,
Fraudant sur la qualité,
　　Le poids, la mesure,
Honteux, s'aperçoit enfin
Que le diable est le plus fin.
　　La triste aventure,
　　　　O gué !
　　La triste aventure.

Deux honorables voleurs,
　　De bonne tournure,
Plaçant de fausses valeurs,
　　Pratiquant l'usure,
Là s'arrachent les cheveux :
Tout l'or passe à leurs neveux.
　　La triste aventure
　　　　O gué !
　　La triste aventure.

J'aperçois des médecins
　　Qui, d'une main sûre,

Ont occis plus de gens sains
Que guerre ou luxure.
Maint client, d'un air charmant,
Leur en fait son compliment.
La triste aventure,
O gué !
La triste aventure !

Un avocat général
De haute stature,
Sur un vieux juge immoral
Se penche et murmure :
Nous voilà tout défrisés
D'être au banc des accusés.
La triste aventure,
O gué !
La triste aventure !

Un petit abbé de cour,
De mince envergure,
Qui ne rêvait nuit et jour
Qu'à la prélature,
Est là fort désappointé
Que la Parque ait tout gâté !

La triste aventure,

  O gué !

La triste aventure !

Le gendre d'un gouverneur
  En déconfiture,
Qui vendait des croix d'honneur
  Dans sa sinécure,
S'approche et veut m'assurer
Qu'il me fera décorer.
  La triste aventure,
    O gué !
  La triste aventure !

Un illustre potentat
  Est à la torture,
De se voir, lui, chef d'état,
  Dans la foule obscure.
Sire, un peu d'humilité,
Ici, c'est l'égalité !
  La triste aventure,
    O gué !
  La triste aventure !

PLUTON *(l'interrompant :)*

Ta voix baisse, mon vieux. En as-tu pour longtemps ?

CARON.

Cinq cents couplets.

PLUTON

O ciel ! Cinq cents couplets ! Attends !
Tu me les chanteras un autre jour.

CARON

Ma barque
Me réclame. Au revoir ! Songe à moi, grand monarque !

PLUTON

Je prends l'affaire à cœur pour te faire plaisir.

(*Caron sort*)

PLUTON *(seul)*

Je mé garderai bien d'exaucer son désir.
Ce vieux passeur de morts a des défauts sans doute :
Il est grincheux, avare, affligé de la goutte,
C'est même un vrai gredin. Mais qu'y faire ? On ne peut
Trouver des serviteurs dévoués comme on veut.
Mon royaume est rempli de gens abominables.

Les nouveaux arrivés sont tous ingouvernables.
Ils voudraient que l'enfer eût son quatre-vingt neuf.
On les remet au pas à coups de nerf de bœuf.
Un ange n'est pas apte à pareille besogne.
Mieux vaut un flibustier sans cœur et sans vergogne.
Les états où le mal a détrôné le bien
Sont mieux administrés par des hommes de rien.
Tout moyen leur est bon, ayant une âme vile.
Et s'ils ont la main ferme, un roi s'endort tranquille.

MÉNIPPE (*entrant joyeux :*)

Voici, roi des enfers, de quoi te contenter !

PLUTON

Quoi, Ménippe, déjà !

MÉNIPPE

Hein ! Je puis me vanter
D'être leste et j'apporte avec moi trois poèmes.

PLUTON

Qui sont pour moi, ma foi, tout autant de problèmes !

Ce n'est pas frais pondu ?

MÉNIPPE

Par Bacchus, c'est tout frais !
Ah ! tu ne les connais pas les poètes, les vrais !
Leur front d'éclairs chargé, sans la moindre fatigue,
Enfante ces beaux vers dont leur muse est prodigue.
Le pauvre prosateur pense avant de parler,
Prend son temps, se recueille et craint de s'emballer.
Le poète jamais ne se sert de la lime :
Sa muse, quand il dort, lui souffle un chant sublime.
C'est du moins ce qu'il dit, mais, pour te parler net,
Tout cela s'élabore au fond du cabinet.
Lentement, pas à pas, le poète improvise
Ces chants tombés du ciel. Mais gare à qui s'avise
De croire à ses sueurs : tout lui vient sans effort !

PLUTON.

Les rimeurs sont ainsi : ils ont peut-être tort,
Mais qui n'a dans la tête un hanneton qui trotte ?
Admirons leurs écrits, laissons-leur leur marotte.
Le vulgaire s'y prend : nous protestons en vain :
S'il soupçonnait l'effort, il nierait le divin !
Montre-nous tes gaulois.

MÉNIPPE

J'apporte un acrostiche :
Le billet doux d'un cerf amoureux d'une biche !
L'ombre qui l'a rimé le déclare inédit.

PLUTON

Sers-nous donc ces primeurs : je suis en appetit !

MÉNIPPE *(lisant :)*

« Cherche à travers les mers, cherche au-delà des mondes
« Au fond de cet azur qu'on nomme firmament ;
« Mêle aux feux du saphir l'éclair du diamant :
« Il n'est plus rien pour moi dans ces clartés profondes :
« La beauté souveraine est sur ton front charmant.
« Le ciel luit tout entier dans tes yeux pleins de flamme,
« Et ton divin sourire épanouit mon âme. »

PLUTON

Oh ! oh ! mais c'est charmant ! Ça coule ! C'est senti !
L'auteur de ce poulet n'est plus un apprenti.

MÉNIPPE

Il est là-bas de ceux qu'avec orgueil on nomme.
Les Gaulois l'ont classé : pour eux c'est un grand homme.

PLUTON

Il le mérite. A-t'il un autre genre ?

MÉNIPPE

Non.
Il n'a jamais chanté que Ninette et Ninon.

PLUTON

C'est dommage ! Qui veut longtemps charmer notre âme
Doit sans effort monter tous les tons de la gamme,
Savoir rire et pleurer, savoir mordre au besoin,
Ne pas, triste pigeon, roucouler dans un coin.
Chantez l'amour, fort bien ! Mais chantez autre chose.
Saluez le printemps, l'aurore aux doigts de rose,
L'azur des cieux, l'oiseau, l'astre d'or et la fleur.
Mais ce thème est banal. Abordez la douleur,
Descendez aux enfers chez les ombres perdues.
Que d'un ton vigoureux leurs plaintes soient rendues.
Découvrez aux lecteurs l'Olympe radieux.

Faites-leur admirer les héros et les dieux.
Suivez les grandes nefs sur les perfides ondes.
Dans tous les océans allez jeter vos sondes.
Soyez historiens, philosophes, conteurs,
Des travaux du savant zélés propagateurs.
Mariez, tour à tour langoureuse ou pressée,
La beauté de la forme au nerf de la pensée.
Variez vos sujets, vos mètres, votre ton,
Et vous serez goûtés !

MÉNIPPE.

C'est ton avis, Pluton.
Mais ce n'est pas le mien. Pour arriver à plaire,
Il faut savoir capter la faveur populaire.
Celui-là réussit qui, dans ses fictions,
Flatte les bas instincts, les viles passions ;
Qui va selon le vent, sans foi, sans conscience,
Qui sur sa lyre, avec la même insouciance,
Chante le bien, le mal, le vice et la vertu :
Un auteur scrupuleux est d'avance battu.
Fût-il, comme Corneille un homme de génie,
S'il ne sait s'aplatir, son siècle le renie.
Mais il vole très-haut ! Tant pis : c'est un excès !
Il eut mieux en rampant assuré son succès.

Le poète aujourd'hui n'élève plus la foule,
C'est elle qui l'entraîne à l'égoùt !

PLUTON

               Tout s'écroule,
Il est vrai : les mœurs, la foi, l'esprit,
Les nobles sentiments. L'homme à la fin s'aigrit
Contre la loi d'en haut qui sans cesse le blàme.
Alors pour étouffer le ver rongeur de l'âme,
Il appelle le doute et le scribe vénal
Se présente et lui tend le breuvage infernal.
Le poison lentement dans les veines s'infiltre,
Et comme sous le coup d'un mystérieux philtre,
L'amour du bien s'en va, l'amour du mal grandit.
Il faut, contre-poison de ce livre maudit,
La lyre du poète amant de la justice,
Pour louer la vertu et flageller le vice.

MÉNIPPE

On ne l'écoute pas, on le siffle, on le fuit !

PLUTON

N'eut-il qu'un auditeur, il doit chanter pour lui !

Sers-nous l'autre poème.

MÉNIPPE

Auteur très caressé
Par la foule autrefois, maintenant délaissé.

(*lisant :*)

« Ombre chère, est-ce toi qui fais trembler ma lyre
« Comme le vent du soir fait plier le roseau ?
« Est-ce toi qui reviens dans les bras de Zéphyre
« Lorsqu'il rase les mers sur l'aile de l'oiseau ?

« La nuit sur la montagne a déplié son voile.
« La lune se balance aux bords de l'horizon,
« Et mon œil dans l'azur où scintille l'étoile,
« Cherche en vain à franchir le seuil de sa prison. »

PLUTON.

Est-ce tout ?

MÉNIPPE

Non. Ah ! Ah ! La romance t'ennuie !

PLUTON

Tu me vois somnolent comme en un jour de pluie.
Cependant ce poète est très harmonieux.

MÉNIPPE

Oui, mais vague, sans nerf, sans fond, fastidieux.
La dominante en est toujours plaintive et molle.

PLUTON

Je crois que les Gaulois perdraient à son école.
Leur génie avant tout aspire à la clarté,
Fuit ce ton langoureux à Pétrarque emprunté
Aime en pressant un mot voir jaillir une idée,
Et cède à l'opéra cette muse fardée,

MÉNIPPE

Déjà des bons esprits ces vers ne sont plus lus,
Faits pour charmer l'oreille et les nerfs tout au plus.
Mais le sexe à qui plaît une voix qui câline,
Écoute encor ce beau joueur de mandoline
Qui, je viens de le dire, eut la vogue jadis.
Les gens sont ainsi faits. Pour eux le paradis

C'est la musique ! On les prend par l'oreille
Comme on prend les serins : la méthode est pareille.
Ils n'examinent pas si les vers ont un sens.
Flattent-ils leur organe : oh ! qu'ils sont ravissants !
Le cheval, le serpent, l'araignée elle-même,
Oui, l'immonde Arachné dont l'aspect te rend blême
Raffollent de musique. Amphion tendrement
Fit danser les rochers aux sons d'un instrument.
Oh ! le son ! oh ! le son ! Le son est tout en somme :
Nourriture de l'âne et délices de l'homme,
Si puissant qu'une trompe, on ne peut le nier,
Doit réveiller les morts au jugement dernier.

PLUTON

L'harmonie a son prix : c'est un don admirable
Qui répand sur les vers un charme incomparable.

MÉNIPPE

D'accord. J'en fais ici bien volontiers l'aveu.
Si même ma critique excédait quelque peu
La mesure, je veux, pour rendre enfin justice
A celui que son siècle aujourd'hui rapetisse
Dire qu'il enfanta quelques sublimes chants

Inspirés par le ciel, bien pensés, fort touchants.
Peu d'auteurs, à mon sens, lui viendraient à l'épaule.

PLUTON

J'ai voulu simplement signaler pour la Gaule
Un écueil dangereux. Poète italien
Je l'applaudirais fort et crierais : tout est bien !
Mais l'esprit gaulois veut du sel, de l'énergie,
De la verve.

MÉNIPPE *(déroulant un manuscrit :)*

    Laissons la plaintive élégie.
J'ai failli t'endormir : je vais le réparer.
Écoute ce morceau : tu vas rire et pleurer.

(il lit :)

« Farouche il s'enfonçait dans les profondeurs noires,
« Haletant, souffreteux, songeant à ses déboires,
« Mais fier sous son manteau rempli de trous. Tous ceux
« Qui longeaient le chemin disaient à ce crasseux :
« Eh l'homme ! Est-ce ainsi que l'on passe sans rien dire ?
« D'où venez-vous ? Ce n'est pas qu'on veuille médire,

« Mais quand on va si sombre on est coupable et puis

« Il ne reste plus qu'à se jeter dans un puits.

« Lui ne répondait pas. Soudain sous le ciel morne,

« Il aperçut une vieille au coin d'une borne,

« Sans souliers, sans bonnet, hâve, mourante et là

« Pas une âme pour l'assister, disant : Voilà

« Le pain qui réconforte et l'eau qui désaltère.

« Le mendiant s'avance et s'asseyant à terre,

« Quitte ses gros sabots et les lui met aux pieds.

« Et vous eussiez vu les deux vieux estropiés

« Heureux, l'un de donner et l'autre qu'on lui donne.

« Elle dit son ave à la bonne Madone,

« Lui, songeant qu'elle avait froid prit son manteau, mais

« Elle le regarda en s'écriant : jamais !

« Alors un débat qui rendit jaloux les anges

« Surgit entre ces deux dépenaillés étranges.

« Le vieux lambeau troué volait de main en main,

« Puis, las, on le laissa sur le bord du chemin

« Poudreux. Alors le vent souleva la guenille.

« Comme un lycéna sort de l'horrible chenille,

« Du vieux manteau râpé jaillit un firmament

« Radieux. Chaque trou semblait un diamant

« Énorme, et quand la nuit eut épaissi ses voiles,

« Les vieux brillaient là-haut, flamboyantes étoiles. »

PLUTON

Qu'est-ce que c'est que ça ? Du chinois ? de l'hébreu ?
C'est écrit par un fou !

MÉNIPPE

C'est écrit par un Dieu !

PLUTON

Par un Dieu ! En ce cas, c'est donc une gageure ?

MÉNIPPE

Non ! Non ! C'est sérieux, cher Pluton, je te jure.
C'est écrit par le dieu des poètes gaulois.
Plus qu'Apollon c'est lui qui leur dicte des lois.
On ne jure là-bas que par cette grande ombre.
Au théâtre, en tous lieux, sa muse vous encombre.

PLUTON

Ce que tu viens de lire est son genre ?

MÉNIPPE

Mais oui.

PLUTON

C'est ridicule ! C'est d'un grotesque inouï !
Sans doute le public siffle l'auteur, s'insurge !

MÉNIPPE

Le public est toujours le troupeau de Panurge.
On lui dit : Lis cela, c'est sublime ! Il le croit.
Il sent bien qu'on le berne en maint et maint endroit,
Mais la presse a parlé : la presse est infaillible.
On ne se courbe plus sous le pape ou la bible,
Mais la presse !... Ah ! Pluton, l'amour du beau, le goût
S'en vont à la dérive. Un immense dégoût
Vous saisit à l'aspect d'une chute pareille.
L'auteur blesse à la fois le bon sens et l'oreille.
Il le veut. Sa manie est de tout transformer.
Il a pour lui, c'est vrai, de richement rimer,
Mais c'est tout. Destructeur des lois de l'harmonie,
La langue entre ses mains râle et, dans l'agonie,
Blasphème le grand siècle et tourne au Wisigoth.
Déjà dans la chanson le gaulois parle argot.

PLUTON

Je croyais le gaulois bon juge par nature

Des choses de l'esprit.

MÉNIPPE

Pour la littérature
Comme pour tout le reste, il suit le mouvement,
Pense par son journal et c'est pitié vraiment
De voir un peuple fin, délicat, artistique,
Dupé par des grimauds dont il suit la critique.
Ils font monter ceci, ils font baisser cela.
Si vous n'êtes des leurs on vous crie : halte-là !
Une feuille d'un sou, plate, menteuse, immonde,
Est aujourd'hui, Pluton, ce qui mène le monde.
Les enfants de Jacob, par l'or devenus rois,
Vendent tout : le succès, les places et les croix.

PLUTON

Un Gaulois, depuis peu venu dans ce royaume,
M'apprit ces jours derniers qu'on exige un diplôme
Pour la plus humble place.

MÉNIPPE

Oui, c'est la vérité.

PLUTON

Ménippe, es-tu docteur ?

MÉNIPPE.

Non, dans l'oisiveté
J'ai passé ma jeunesse et plus tard, sans contrôle,
J'appris ce que je sais tout seul.

PLUTON

Alors en Gaule,
Bien que tu sois instruit, plein d'esprit et très-fin,
Sans diplôme, mon cher, tu créverais de faim.

MÉNIPPE

Allons donc ! N'a-t'on pas en dernière ressource,
Quand on est sans diplôme et que vide est la bourse,
Fût-on même un ignare, un bohème, un raté,
L'espoir d'être nommé quelque jour député ?
Puis, la faveur aidant, avec un peu d'audace,
D'éventrer un ministre et de prendre sa place.
Ah ! député ! mon cher, c'est le meilleur métier !
Pour devenir maçon, couvreur ou charpentier,

Il faut deux ou trois ans d'un rude apprentissage.
On veut qu'un ouvrier soit apte, et c'est fort sage,
Mais pour le député point d'examens divers.
A-t'il bien fait son droit ? L'a-t'il fait de travers ?
Ou n'en a-t'il pas fait ? Ça n'a nulle importance !
On ne lui reconnaît aucune compétence :
Qu'importe ? Il est sacré par le peuple gaulois,
Pour conduire le char et fabriquer des lois.
Même un cabaretier envoyé par Lutèce,
Peut siéger à la chambre à côté d'une Altesse.
Il ne sait rien de rien que frelater son vin :
Mais la tourbe l'acclame et son vote est divin.

PLUTON

Revenons, cher Ménippe, à la littérature.
Cet écrivain qui met l'oreille à la torture,
Emphatique, bizarre, enfant de Gongora,
Se croit un novateur et n'est qu'un rémora.

MÉNIPPE

Et pourtant, cher Pluton, quel vaste et beau génie !
S'il eut pu s'affranchir de l'étrange manie
D'innover, mal du jour, microbe des cerveaux,

Selon moi, ce poète eut été sans rivaux.
J'ai là quelques morceaux, premiers nés de sa lyre,
Tout à fait inspirés.

PLUTON

Si tu voulais m'en lire
Quelques vers seulement.

MÉNIPPE

Écoute bien ceci
Qui me semble, ma foi, joliment réussi.

(il lit :)

« Ma fille, va prier ! — Vois, la nuit est venue.
« Une planète d'or là-bas perce la nue.
« La brume des coteaux fait trembler le contour ;
« A peine un char lointain glisse dans l'ombre...Écoute !
« Tout rentre et se repose, et l'arbre de la route
« Secoue au vent du soir la poussière du jour.

« O sommeil du berceau ! Prière de l'enfance !
« Voix qui toujours caresse et qui jamais n'offense,
« Douce religion qui s'égaie et qui rit !

« Prélude du concert de la nuit solennelle.

« Ainsi que l'oiseau met sa tête sous son aile,

« L'enfant dans la prière endort son jeune esprit.

« Il n'est rien ici-bas qui ne trouve sa pente.

« Le fleuve jusqu'aux mers dans les plaines serpente ;

« L'abeille sait la fleur qui recèle le miel.

« Toute aile vers son but incessamment retombe :

« L'aigle vole au soleil, le vautour à la tombe,

« L'hirondelle au printemps et la prière au ciel ! »

PLUTON.

Tout ceci me paraît d'une beauté suprème.

C'est frais et gracieux comme l'enfance même.

La strophe du début me charme et me séduit.

Comme en maître il dépeint le retour de la nuit !

Quant au dernier sixain il est incomparable.

C'est bien là cet attrait puissant, impénétrable,

Qui pour mener tout être à son repos normal,

Par le poids meut le corps, par l'instinct l'animal.

C'est de la poésie ou je n'y connais goutte.

MÉNIPPE

Tu n'es pas de ton temps ! Le siècle s'en dégoûte.

Il lui préfère l'autre où tous les Triboulets
Sont trompés par les rois, les rois par leurs valets.
L'auteur pour le pouvoir réservant ses huées,
Exalta les bandits et les prostituées,
Mit l'esprit de révolte à la mode en tout lieu,
Se fit par la canaille adorer comme un dieu,
Publia cent écrits qu'on peut signer : Démence,
Et sombra sous le poids de son orgueil immense !

PLUTON

Et les vivants ? Ont-ils quelque homme de valeur ?

MÉNIPPE

Le poète aujourd'hui n'est plus qu'un ciseleur
Pour qui la forme est tout. Si la forme est choisie,
Il l'offre volontiers pour de la poésie.
Parmi ces décadents chercher un idéal,
C'est chercher l'équateur au pôle boréal.
Parfois certain lettré, âme tendre et mystique,
S'essaie à moduler quelque pieux cantique.
Il lui manque le soufle et plus souvent le fond :
Les termes sont banals et le sens peu profond.
N'a-t'on pas vu naguère une poèteresse

Annonçant aux naïfs par la voix de la presse,
Un recueil de cent chants sacrés ? Or ce bas-bleu
Ignorait son credo : elle en fit l'humble aveu.

PLUTON

Le Gaulois sait du moins tourner la chansonnette ?

MÉNIPPE

Le chansonnier moderne est une poire blette
Il n'a plus la gaieté naïve du Caveau
Et ne peut nous servir qu'un maigre godiveau
Où tout manque : l'esprit, l'harmonie et la rime.
C'est en ignoble argot que la chanson s'imprime.
Le soir, à l'Alcazar, on se croit transporté
Parmi ces idiots des maisons de santé
Dont le rire stupide est l'enfant du délire.
Prête un instant l'oreille à ce que je vais lire :

« Étant très fort sur la culture
« C'matin d'bonne heur' je vais sonner
« Chez l'ministre de l'agriculture
« Afin de me fair' médailler.
« Le portier me dit d'un' voix molle :

« — L' ministre est parti pour Lagny
« Présider l' comice agricole ;
« R'passez dans quelques jours d'ici.

« ..... A qui réclamer des audiences ?
« Ma foi, n'ayant pas un radis,
« J' vais chez l' ministre des finances
« Pour qu'il me prête deux ou trois louis.
« L' portier me dit d'une voix triste :
« — L' ministre est parti pour Belley
« Prendr' des l'çons d'un équilibriste
« Pour équilibrer son budjet. »

PLUTON

Je saisis maintenant, d'une façon complète,
Comment ton chansonnier est une poire blette.
Ce n'est plus la verdeur ni la mâturité,
C'est la décrépitude et l'imbécillité.

MÉNIPPE

S'il pouvait sur ce point rester le moindre doute,
Voici pour nous convaincre une autre scie : Écoute !

« Quand tu partiras d' not' chaumière,

M' a dit mon père,
Vas à Paris directement,
M'a dit maman,
Avec un peu de savoir-faire,
M'a dit mon frère
T'y f'ras ta p'tit' p'lote en douceur,
M'a dit ma sœur,
Si tu prends l'état d'cuisinière,
M'a dit mon père,
Fais ta popote adroitement,
M'a dit maman,
Fais comme jadis a fait not' mère,
M'a dit mon frère,
Compt' la graisse aussi cher que l'beurre !
M'a dit ma sœur...

PLUTON

Assez !

MÉNIPPE

Je te demande un peu de patience.
Tu vas dans un instant former ta conscience.

« Celui qui ne veut turbiner
« Q' huit heur's par jour sans s' la fouler :
 « C'est un fin d' siècle !
« L' député qui promet l'Pérou
« Et qui ne vote rien du tout :
 « C'est un fin d' siècle !
« C'lui qui pour se fair' remarquer
« Siège avec un' blous' d'ouvrier :
 « C'est un fin d' siècle !
« L' musicien qui part à Cuba
« Pendant qu'on joue son opéra :
 « C'est un fin d'siècle !
« L' sergent de vill' qui n'est jamais là
« Quand arrive un assassinat :
 « C'est un fin d' siècle !
« Mais qui s' trouve toujours présent
« Pour mettre un' comédienn' dedans :
 « C'est un fin d' siècle !
 « Tout ça, tout ça,
« C'est ces fins d' siècle et puis voilà. »

PLUTON

Oh ! oui, c'est fin de siècle et de bien d'autres choses !
C'est fin du sens commun assez rare et pour causes,

Fin de l'esprit, du tact, du talent et du goût,
De la saine raison, de la langue

MÉNIPPE

Et de tout !
On n'ose rire, hélas, tant cela vous atterre.
Ça sent le fossoyeur portant son mort en terre !

PLUTON

Encore un dernier mot : ce ne sera pas long.
Je vois de temps en temps notre cher Apollon,
A la fois dieu des arts et de la médecine :
Tu le sais comme moi, sa parole fascine.
Elle a de ces éclairs aux mortels inconnus.
Or, voici qui s'applique à ces derniers venus.
« Veut-on, nous disait-il, sur la santé d'un homme
« Prononcer un verdict, le plus simple est en somme
« D'examiner la langue avec attention.
« Le même procédé juge une nation.
« Un peuple dans l'enfance a des accents sauvages.
« Son esprit sans culture est couvert de nuages ;
« Mais dès qu'il a conquis une place au soleil,
« On le voit s'éveiller comme d'un long sommeil.

« Son âme vierge encor aspire à tout connaître.

« Il lit, il réfléchit, il dilate son être.

« Le temps marche, il mûrit, il atteint les hauteurs,

« Il a des écrivains, des savants, des rhéteurs.

« Son verbe est abondant, châtié, toujours juste :

« Les Grecs de Périclès et les Romains d'Auguste

« Ont vu ces heureux temps. Puis tout a décliné :

« Les vainqueurs amollis sous un luxe effréné,

« Les croyances, les mœurs, les dévouements sublimes,

« Tout ce qui rend les cœurs chastes et magnanimes,

« S'est effondré. La chair étouffant la raison,

« Le terme roturier, malsonnant, polisson,

« S'introduisit partout, signe de décadence,

« Car la bouche toujours parle de l'abondance

« Du cœur. »

MÉNIPPE.

Hélas ! Hélas ! Le Gaulois est bien bas !

PLUTON

Puissions-nous nous tromper : je n'en rougirais pas.

Novembre 1890.

Larmes & angoisses.

A M. l'Abbé Amiot, Curé-Doyen de Cany.

> *Omnis creatura ingemiscit et parturit usque
> adhuc.* (ROM. VIII, 22.)

L'arc-en-ciel dit au nuage :
Pourquoi, frère, pleures-tu ?
Celui-ci plaint le rivage
Par le flot toujours battu.
La mer bouillonne et fermente,
Le vent soupire et gémit,
Et la forêt se lamente
Sur la roche qui frémit.
L'arbre perd sa feuille morte
Qui bruit dans le chemin,
Le noir aquilon l'emporte :
Où sera-t'elle demain ?

La pensive tourterelle
Pousse des gémissements,
La vagabonde hirondelle
Cherche des cieux plus cléments.
Le daim se tord sous les ongles
Du jaguar, son ravisseur,
Et le tigre, dans ses jungles,
Craint la balle du chasseur.
Les peuples, pour des vétilles,
Livrent des combats ardents :
Les canons et les torpilles
Sont leurs griffes et leurs dents.
O pourquoi, triste nature,
Sur la terre et dans les flots,
Toujours mise à la torture,
Tant de pleurs et de sanglots ?
Pourquoi la guerre éternelle
Sous le beau ciel étoilé ?
Pourquoi sous la dent cruelle
Du fort le faible immolé ?
O divine Providence,
L'homme, par ses maux aigri,
Doute de ton existence,
Ou t'insulte par ce cri :

« Es-tu donc une marâtre
« Sourde aux pleurs de tes enfants,
« Quand, de leur veine bleuâtre
« Coulent des ruisseaux vivants ? »
Oh ! sans doute ton cœur saigne
Devant ce spectacle affreux.
Un Dieu bon, tout nous l'enseigne,
Nous créa pour être heureux.
Hélas, le mystère escorte
Ce globe aux pas chancelants,
Mais la foi nous dit qu'il porte
Quelque chose dans ses flancs.

12 Mars 1891.

Galvina.

TIRÉ DES POÉSIES D'OSSIAN.

A M. l'Abbé Delabroye.

———

On n'entend sur l'Arven que le bruit du torrent
    Qui gronde et bondit sur la mousse,
Mèlant sa grande voix, sous le myrte odorant,
    A la voix des morts triste et douce.

    Vous, dont l'âme ignore la peur,
Vous, dont les yeux perçants ont, dans les nuits profon-
Sur les bords du Légo, roulant ses noires ondes,   [des,
Suivi de vos aïeux les ombres vagabondes
    Au sein de l'humide vapeur,

Avancez ! .., Avancez vers ce froid mausolée
Qui recouvre un héros sous l'herbe désolée.
Là, la terre a bu bien des pleurs ;
Là, les esprits des morts, dans les éclairs livides,
Se montrent aux vivants de leur parler avides,
Pour redire leurs longs malheurs.

O toi, qui gardes la dépouille
De Connal, l'illustre guerrier,
Et son glaive couvert de rouille,
Tombe où croît l'immortel laurier,
Redis-nous la touchante histoire
De ses malheurs et de sa gloire ;
Comment l'infortuné donna
La mort à sa fidèle amante,
Et pourquoi l'écho se lamente
Au seul doux nom de Galvina.

Entre les vierges d'Inistore
Elle brillait, chaste flambeau,
Ses longs cheveux étaient encore
Plus noirs que l'aile du corbeau.
Son cou que la brise parfume
Avait la blancheur de l'écume.

Elle suivait le daim léger
A travers la forêt profonde,
Et se jouait au sein de l'onde,
Insouciante du danger.

Connal était la fleur des braves :
Sa prunelle était un soleil,
Et les vieillards aux pensers graves
L'avaient admis dans leur conseil.
Je ne sais comment en son âme
S'alluma la céleste flamme,
Mais Connal aimait ardemment
Galvina la blanche colombe,
Et Galvina jusqu'à la tombe
Resta fidèle à son amant.

Un jour, las de suivre à la chasse
Leur grand dogue au poil grisonnant,
Du cerf abandonnant la trace,
Ils s'arrêtèrent à Ronan,
Ce n'était qu'un antre sauvage
Perdu sous un sombre nuage.
Là croît le bleuâtre chardon,
Entre la ronce et la bruyère.

Le renard y fait sa tanière
Et l'aigle y vole à l'abandon.

Repose ici, ma bien-aimée,
Disait Connal à Galvina,
Je vois une biche affamée
Apparaître au front de Mora.
Il dit....Plus prompt que la tempête,
Déjà son pied foule la crête
Et la biche a goûté la mort.
Il redescend, traînant sa proie,
Mais courte, hélas, sera sa joie :
Pleurez, amants, son triste sort !

Autour de la grotte fatale,
Est-ce un songe ?... Il voit un guerrier.
C'est son rival !... Tout le signale,
Et son casque et son bouclier.
Connal, en qui gronde l'orage,
S'abandonne à sa sombre rage.
D'un bras trop sûr il lance un dard.
L'inconnu roule sur la mousse.
Connal s'élance et soudain pousse
Un cri terrible !... Il est trop tard !

Son amante à ses yeux expire :
Elle avait, par un jeu charmant,
Par un jeu que l'amour inspire
Éprouvé son jaloux amant.
Il l'appelle et l'appelle encore.
La douce vierge d'Inistore
A sa voix ne répondra pas.
Pour rejoindre une ombre si chère,
Il vole à la terre étrangère
Chercher la mort dans les combats.

Fingal lève aujourd'hui sa lance.
Ce soir les braves dormiront
Au fond de leur tombe en silence,
Ou dans la plaine ils chanteront.
Au sein de la nuit étoilée,
Quand vous verrez dans la vallée
Briller l'étendard de Fingal,
Et ses guerriers à haute taille,
Sur leur grand cheval de bataille,
Chantez : Morven n'a point d'égal !

Pareil à la nue enflammée
Qui porte la foudre en ses flancs,

Un combattant, dans la fumée,
Darde des yeux étincelants.
Sous les coups de sa javeline
L'ennemi tombe. La colline
Roule du sang jusqu'à l'Arven,
Et Caracul, le roi du monde,
Recule, ainsi qu'un flot qui gronde,
Devant les héros de Morven.

La nuit sur ce champ de carnage
Avec le silence descend.
Au pied d'un frêne un héros nage,
Mutilé, dans des flots de sang.
C'est Connal ! Sa prunelle sombre
Semble toujours poursuivre une ombre.
On inhuma sous un menhir
Qui tremble au vent sous la falaise,
Nos amants pour, qu'à Dieu ne plaise,
Nul n'en perdît le souvenir.

Sur ce pic aride et sauvage,
Dors en paix, couple infortuné.
Dors au bruit des flots du rivage
Te berçant comme un nouveau-né.

Quand, le regard fixé sur l'ourse,
Le nocher, poursuivant sa course,
Frappe la vague à coups pressés,
Qu'il chante, en glissant sur la lame,
Doux amants, votre épithalame,
Car la mort vous a fiancés !

Avril 1889

Le crabe

—

Un soir, sous la haute falaise,
Entre la mer et le ciel bleu,
Assis à l'ombre d'un mélèze,
Mon âme errait du monde à Dieu.

On sentait planer sur l'abîme
Comme un reflet de l'Infini,
Et dans l'immensité sublime
L'horrible au beau semblait uni.

Un pêcheur écumant la grève
Sous nos regards fit grimacer
Un monstre affreux et comme en rêve
Quelquefois j'en ai vu passer.

C'était un crabe, enfant des lames,
Verdâtre, à l'œil étincelant.
On eut dit, sous les noires flammes,
L'œil d'un démon au ciel hurlant.

Tortueuse était son allure,
En biaisant et tournoyant,
Le crustacé sous son armure
Ne me semblait guère attrayant.

Et je songeais : c'est le symbole
Du fourbe et de l'astucieux.
Le crabe alors prit la parole
Et j'écoutais, silencieux.

« O toi, qui crois si bien connaître
« Les lois de ce vaste univers,
« Enseigne-moi comment un être
« Peut aller droit ou de travers.

« Aller droit, est-ce à l'aventure
« Diriger ses pas devant soi,
« Ou bien, guidé par la nature,
« Prendre instinct ou raison pour loi ?

« Car vos courbes et vos obliques
« Ne disent rien à mon esprit,
« Et je voudrais que tu m'expliques
« Où tout commence, où tout finit.

« Qu'est l'équateur ? Que sont les pôles ?
« Quel est le haut ? Quel est le bas ?
« Ce ciel qui luit sur tes épaules,
« Sous tes pieds ne brille-t'il pas ?

« Si Constantinople est pour Rome
« La terre où naît l'astre du jour,
« Pour Téhéran, elle est en somme
« L'occident. Ainsi tour à tour,

« Tout ce qu'on voit sur cette terre
« Est relatif : rien d'absolu !
« Inclinons-nous sous ce mystère :
« Trop le sonder est superflu.

« Marcher droit, si tu veux m'entendre,
« C'est se mouvoir dans son milieu ;
« Aller au but où l'on doit tendre :
« Le crabe aux mers et l'homme à Dieu.

« Or, qui de nous suit mieux sa voie ?
« Sois ici juge : j'y consens !
« Fait pour louvoyer, je louvoie,
« Fait pour monter, toi, tu descends ! »

La leçon était solennelle.
Je bénis l'humble crustacé,
Songeant à mieux guider mon aile
Vers le but que Dieu m'a tracé.

Fécamp, 15 Juillet 1887

A un petit enfant

—

Doux enfant que ta mère embrasse,
En toi si tout est gracieux,
C'est que ton front porte la trace
D'un premier séjour dans les cieux.

De ses rayons le soleil dore
Tes blonds cheveux ; ton œil si pur
Est une parcelle d'azur,
Et ta joue est faite d'aurore.

Ta bouche est rose et je me dis,
Quand elle s'ouvre pour sourire :
C'est quelque fleur du paradis
Que Dieu mit là pour que j'admire.

20 Novembre 1890

COMALA.

POEME DRAMATIQUE TIRÉ D'OSSIAN.

PERSONNAGES.

FINGAL, *roi de Morven.*

COMALA, *fille de* Sarno, *roi d'*Inistore,
amante de Fingal.

HIDALLAN, *fils de* Lamor, *amant malheureux de* Comala.

DESAGRENA & MELILCOMA, *filles de*
Morni, *compagnes de* Comala.

BARDES.

Comala.

DESAGRENA.

La chasse est terminée, o fille de Morni :
Aux pentes de l'Arven l'oiseau dort dans son nid.
Et le bruit du torrent frappe seul nos oreilles.
Prends ta harpe, o ma sœur, et consacrons nos veilles
A chanter des héros les immortels combats.

MELILCOLMA

Fingal, le plus illustre, hélas, ne revient pas !
Déjà la nuit sur nous étend ses sombres voiles.
On ne voit point aux cieux ce soir luire d'étoiles.
Je ne sais quel effroi se glisse dans mon sein,
Mais au bord du Crona j'ai vu bondir un daim

Que de loin je prenais pour une tombe obscure :
Un feu follet livide éclairait sa ramure.
Sur un nuage épais des esprits inclinés
Montraient leur front sinistre et leurs bras décharnés.

DESAGRENA

Des malheurs de Fingal est-ce un triste présage ?
Aurait-il du trépas vu le pâle visage,
Ce héros sans rival ? Comala, lève-toi !
Il n'est plus ce Fingal qui t'a donné sa foi :
Pour pleurer son destin que ta tête s'incline,
Car déjà sa grande ombre erre sur la colline.

MELILCOMA

Là-haut, malgré la nuit, sur le roc, tu peux voir
La triste Comala livrée au désespoir.
Son grand dogue au poil roux, qui redresse l'oreille,
Suit d'un œil inquiet le vol de la corneille,
Et les naseaux ouverts, le poitrail frémissant,
Semble aspirer dans l'air comme une odeur de sang.
Comala sur son bras pose une ardente joue,
Et la brise du soir dans ses cheveux se joue.
Son regard, dans la nuit qui s'épaissit encor,

Cherche en vain : O Fingal, es-tu vivant ou mort ?

COMALA

Pourquoi, torrent, dans la vallée,
Pourquoi rouler des flots de sang ?
Pourquoi la plaine désolée
Pleure-t'elle un héros absent ?

Oh ! puisque tes rives funestes
Ont vu ces terribles combats,
Dis-nous, torrent, où sont les restes
Du héros qui ne revient pas.

Où donc es-tu dans la nuit sombre,
Oh ! dis-le-moi, roi de Morven,
Et j'irai, guidé par ton ombre,
T'ensevelir sous un dolmen.

Qui, maintenant, va me défendre
Contre le farouche Hidallan ?
Que de pièges il va me tendre,
Ce cœur farouche et violent !

HIDALLAN
(envoyé par Fingal pour annoncer son retour à Comala)

Rassemblez-vous sur ces pentes arides,
Brouillards du soir, dérobez à nos yeux
Jusqu'au chasseur dont les pas intrépides
Cherchent le daim qui s'échappe anxieux.

Oh ! qu'à jamais se perde ta mémoire,
Funeste jour ! Tous nos guerriers ont fui.
Fingal là-bas est tombé dans sa gloire !
Fingal n'est plus ! Morven est sans appui !

COMALA

Insensé, que dis-tu ? Réponds, guerrier farouche,
Triste enfant de la nuit, à l'œil sinistre et louche,
Ce héros était-il Fingal, roi de Morven ?
Était-il blanc, pareil aux neiges de l'Arven ?
Ah ! comme un arc-en-ciel brille à travers la nue,
Tel brillait son regard d'une flamme inconnue.
Plus léger au combat qu'un chevreuil du désert,
Son glaive, en tournoyant, luisait comme l'éclair.

HIDALLAN (à part)

Quel bonheur est le mien de voir couler ses larmes,
De jouir en secret de ses tristes alarmes !

Elle est cent fois plus belle en sa sombre douleur :
Sous l'aquilon courbée ainsi brille la fleur !

COMALA

Dirais-tu vrai, guerrier à l'âme vile et traître !
Le fils du grand Comhal aurait-il cessé d'être ?
Ah ! là-haut, sur les monts, la foudre peut gronder,
Sur ses ailes de feu l'éclair a beau voler :
Qui pourrait t'effrayer, Comala, triste amante,
Quand ton Fingal n'est plus ? Ciel, mon angoisse aug-
O cruel Hidallan, parle, est-il chez les morts, [mente !
Ce héros qui brisait le bouclier des forts ?

HIDALLAN.

Ses bataillons, hélas, dispersés dans la plaine,
N'entendront plus la voix de leur fier capitaine !

COMALA

Va, sois maudit, vautour, hibou, corbeau !
Que l'infortune, orgueilleux roi du monde,
Partout, toujours, sur la terre et sur l'onde,
Sur toi s'acharne et te mène au tombeau !

Ciel, venge-moi ! Contente mon envie.
Enivre-le de honte et de malheur !
Que son amante expire de douleur
Sur sa dépouille, au matin de sa vie !

Sombre Hidallan, que ne me cachais-tu
De mon amant la fin prématurée !
Je n'aurais point, triste et désespérée,
Chassé l'espoir de mon cœur abattu.

J'aurais cru voir, sur la roche lointaine,
Ce doux héros revenant glorieux :
Un arbre, une ombre auraient trompé mes yeux ;
Le bruit du vent eut tempéré ma peine !

Près du Carron que ne suis-je, ô mon Dieu !
Je le verrais ! Ses blessures sanglantes
S'adouciraient sous mes larmes brûlantes :
Son front glacé retrouverait du feu !

HIDALLAN

Il n'est plus couché là, princesse désolée,
Ses guerriers, sur l'Arven, dressent son mausolée.
De tes pâles rayons, ô lune, luis sur eux !

Éclaire de Fingal les restes généreux.
Qu'une dernière fois une amante si pure
Puisse encor contempler son éclatante armure.

COMALA

*(s'adressant à ceux qu'elle croit voir porter le corps
de Fingal.)*

Arrêtez, enfants du tombeau
Arrêtez, je veux voir encore
Mon amant si brave et si beau,
Cet amant que mon cœur adore !

Seule, hélas, au sein des forêts,
Je chassais, ne me doutant guère,
Qu'il était parti pour la guerre :
Ses dangers je les ignorais.

A ce soir, belle fiancée,
Me disait-il, ne pleure pas !
Et tu me le rends, nuit glacée,
Aux mains livides du trépas !

Toi qui lis tout dans le grand livre,
O druide, enfant du rocher,
Pourquoi te taire et me cacher

Le noir destin qui devait suivre ?

MELILCOMA

Écoute, Comala ! Quel est ce bruit lointain ?
Quelque chose là-bas se meut dans le ravin,
Semblable au cours d'un fleuve impétueux **qui gronde**
Et que l'astre des nuits de ses clartés inonde.

COMALA

Sans nul doute, c'est lui, c'est ce tyran cruel,
Ce fils du roi du monde ! Oh ! des hauteurs **du ciel,**
Dirige, cher amant, ma main **mal assurée :**
Que tombe Caracul sous ma flèche acérée !
Mais c'est Fingal ! ! !.. O ciel, en croirai-je mes **yeux ?**
Il s'avance entouré des héros, ses aïeux.
Objet de mon amour, dis-moi pourquoi ton ombre
Rend tour à tour mon âme épanouie et sombre ?

FINGAL

Enfants de l'harmonie, élevez vos accents !
Éveillez pour Fingal vos luths retentissants.
Devant moi Caracul a fui. Son âme altière

Vit ses héros pâlir et mordre la poussière.
Il fuit ces lieux, semblable au météore errant
Qui luit sur la bruyère emporté par le vent.
Mais j'entends une voix plus douce que la plainte
Du zéphir qui frémit sous le noir thérébinthe.
O fille de Sarno, descends de ton rocher ;
Mon âme dans la tienne a soif de s'épancher

COMALA *(croyant toujours parler à l'ombre de Fingal)*

Je meurs !... Emporte-moi dans l'antre où tu reposes,
Ombre chérie !

FINGAL

Oh ! viens sous le myrte et les roses !
Viens ! L'orage a cessé. Le soleil radieux
Nous promet un beau jour loin d'un maître odieux.

COMALA *(reconnaissant Fingal)*

Ah ! c'est lui ! C'est bien lui ! Tu reviens dans ta gloire,
Illustre et beau guerrier, enfant de la victoire,
Cette main que je presse est celle d'un héros !

Mon cœur va se briser !... J'ai besoin de repos.
Laissez-moi !... Ce rocher me servira de gite,
Pour calmer un instant le trouble qui m'agite.
Vous, filles de Morni, célébrez tour à tour
Son glorieux triomphe et son heureux retour.

DESAGRENA.

Venez, roi de Morven : la flamme au loin s'élève.
Trois daims ont expiré hier au soir sur la grève
Percés par Comala. Venez au grand festin.

FINGAL

Enfants de l'harmonie, offrez-nous ce matin
Un nouveau chant de guerre. Éveillez l'allégresse
Au cœur de Comala brisé par sa tendresse.

BARDES

Roule, impétueux Carron !
Nos ennemis, sur les dunes,
Ont enfoncé l'éperon
Aux flancs des cavales brunes.

Leur aigle au vol orgueilleux,

De fange et de sang humide,
Courbant son aile timide,
Va planer sous d'autre cieux.

L'astre du jour, sur nos têtes,
En paix poursuivra son cours.
La douce lune à nos fêtes
Viendra prêter son concours.

Nul n'entendra sous les chênes
Le cri de l'envahisseur.
Le cor joyeux du chasseur
Retentira dans les plaines.

Nos boucliers dormiront
Aux parois des grandes salles,
Où la nuit ils frémiront,
Secoués par les rafales.

Si les enfants de Loclin
Osaient nous faire la guerre,
On ne verrait sur leur terre
Que la veuve et l'orphelin !

Nos ennemis, sur les dunes,

Ont enfoncé l'éperon
Aux flancs des cavales brunes :
Roule, impétueux Carron !

MELILCOLMA (*apercevant Comala qui expire de*
l'excès de sa joie.)

Brouillards légers et toi, lune à la douce flamme,
Descendez jusqu'à nous recueillir sa belle âme :
Comala sur le roc dort son dernier sommeil !

FINGAL

Elle est morte !... Et pourtant son visage est vermeil !
O fille de Sarno, vaillant roi d'Inistore,
Viens, tendre Comala, me visiter encore,
Quand seul, triste et brisé, au bord du clair ruisseau,
Je pleurerai ton sort sous un tendre arbrisseau.

HIDALLAN

Hélas ! on n'entend plus sa voix enchanteresse !
Pourquoi l'ai-je trompée ? O belle chasseresse,
Je ne te verrai plus poursuivre un jeune daim.

FINGAL

Jeune homme, au regard sombre, écoute ton destin !
Garde-toi de t'asseoir désormais à mes fêtes .
Tu ne me suivras plus sur les brumeuses crêtes
Pour chasser le chevreuil. Dans nos futurs combats,
Nul n'éprouvera plus la vigueur de ton bras.
Menez-moi vers le lieu où dort ma jeune amante,
Que je contemple encor cette beauté charmante.
Elle tourne vers moi ses yeux bleus sans regards,
L'aquilon fait flotter ses beaux cheveux épars,
Et tire de son arc une plainte sonore ;
Près d'elle un dard brisé semble vibrer encore.
Fais, ô barde, en louant l'âme qui s'envola,
Retentir les rochers du nom de Comala.

BARDES

Tournez les yeux vers ces flammes légères
Qu'on voit errer sur son front radieux.
Pâles lueurs, ce sont des ombres chères :
De Comala c'est le sang glorieux.

C'est Fidallan avec ses yeux de flamme,
Sarno, son père aux cheveux vénérés,

Qui vient ici recueillir sa belle âme
Et la porter aux séjours éthérés.

Reverrons-nous, sur ta harpe sonore,
O Comala, courir ta blanche main ?
Entendrons-nous ta voix qui, dès l'aurore,
Retentissait sur le bord du chemin ?

Hélas ! Hélas ! Tes compagnes chéries
Sur la bruyère en vain te chercheront !
Oh ! viens encor charmer leurs rêveries !
Viens les revoir quand elles dormiront !

Qu'en un doux songe elles te voient sourire,
Comme autrefois dans vos jeux innocents.
Console-les si leur cœur se déchire.
Sème l'espoir en leurs yeux languissants !

Tournez vos yeux vers ces flammes légères
Qu'on voit errer sur son front radieux,
Pâles lueurs, ce sont des ombres chères :
De Comala c'est le sang glorieux.

Novembre 1890.

Le secret de Mathusalem

A M. l'Abbé Ouf, Doyen de Saint-Saens

———

A l'ombre d'un palmier Mathusalem assis,
Levait au ciel des yeux par les ans obscurcis.
Il touchait à la fin de sa longue carrière :
Dix siècles avec lui se penchaient sur sa bière.
Les enfants de Lamech, pour l'adieu solennel,
Formaient un cercle autour de l'aïeul paternel
Qui leur dit, pressentant que son heure était proche :
Mes enfants, j'ai vécu devant Dieu sans reproche.
Je puis descendre en paix retrouver mes aïeux.
Les avis d'un mourant sont toujours précieux.
Ayant beaucoup vécu, j'ai de l'expérience,
Et sens près du tombeau doubler ma clairvoyance.

Interrogez-moi donc et gardez avec soin
Des conseils qui pourront vous servir au besoin.

Père, dit Sem, puisque votre voix m'y convie,
Livrez-nous le secret de votre longue vie.
Mathusalem parut réfléchir un instant.
Vivre longtemps n'est rien ! Bien vivre est l'important,
Dit-il. Je veux pourtant, mon fils, vous satisfaire.
Sachez donc que la vie est un profond mystère.
A son gré Dieu dispose et rompt ce fil tenu
Par lequel à la chair l'esprit est retenu.
Tous les êtres vivants, cet univers lui-même
Ont leur temps assigné par le maître suprême.
Nul n'y peut rien changer : tout effort serait vain :
On meurt au jour fixé par le décret divin !
Mais l'homme a sur sa vie un triste privilége ;
S'il ne peut l'augmenter, trop souvent il l'abrège.
Croyez-moi, la plupart se rendent impotents
Par leur faute et la mort les happe avant leur temps.
Voulez-vous de vos corps éloigner la souffrance ?
O mes enfants, fuyez, fuyez l'intempérance !
Rien n'abrège les jours comme les longs excès.
La table en a tué plus que vous ne pensez.
Le démon de la guerre occit, je vous l'assure,

Moins de gens que ne fait celui de la luxure.
Modérez-vous en tout ! Fuyez l'oisiveté :
On triple ses moyens par son activité,
Et la sueur qui coule à travers l'épiderme
Nous délivre des maux qu'elle contient en germe,
N'ayez point pour vos corps trop de ménagements.
Sachez les aguerrir contre les éléments.
A la chaleur, au froid, tâchez de tenir tête :
Qui craint un vent léger succombe à la tempête.
Surtout n'habitez pas dans les vastes cités
Des enfants de Caïn : Ces lieux sont empestés !
Le luxe, la mollesse et le trop d'abondance
Sont plus à redouter que l'âpre pénitence.
Déjà vous pouvez voir ces générations
S'user dans la débauche et dans les passions.
Leurs séjours manquent d'air, de soleil et d'eau pure,
Triple élément vital de la mère nature.
Là tout est frelaté, tout est artificiel.
L'homme y vit en pourceau sans regarder le ciel.

La tempérance est donc ce que le corps réclame,
Mais ne négligez pas l'influence de l'âme.
Ayez l'esprit égal, car la sérénité
Entretient la fraîcheur, la force et la beauté.

Chassez les noirs chagrins, l'envie et la colère :
S'irriter de son sort ne nous avance guère.
Quoi qu'il arrive, enfants, quand le jour est fini,
Dites : Dieu l'a voulu, que son nom soit béni !
L'envie est un poison qui dessèche et qui tue,
Rongeant jusqu'à la moelle, en nos os descendue,
Suçant le sang vermeil des membres et du cœur.
Soyez joyeux ! La joie aide le travailleur.
Voyez l'oiseau du ciel gazouillant sur sa branche :
Son âme en ses chansons se dilate et s'épanche.
Il vit au jour le jour sans soin du lendemain.
Arrière les soucis ! Dieu nous tient en sa main.
A quoi sert d'amasser sans fin comme l'avare
Au cerveau rétréci, au cœur sec et barbare ?
Ayez quelques amis : l'amitié fait du bien,
Et ne disputez pas sur le tien et le mien.
Méditez mes conseils et ma philosophie,
Si vous voulez doubler les jours de votre vie.

Le vieillard à ces mots courba son front blanchi :
Des liens de la chair Dieu l'avait affranchi.

10 Décembre 1890

Ubi cor, ibi bene.

A Madame A. Lerebours.

———

L'amour est ici-bas la force incomparable :
Il rend l'homme content au milieu de ses maux.
Essayez d'arracher à son sort misérable
Le plus déshérité d'entre les Esquimaux :
Lui, qui n'a pour abri qu'une hutte enfumée
Pour breuvage un peu d'huile et pour mets des poissons,
Lui, qui pour sustenter sa famille affamée,
Contre l'ours furieux lutte entre deux glaçons.
Race du ciel maudite et sous terre enfouie,
Dans des déserts blanchis par la neige en tout temps,
Où jamais une fleur ne s'est épanouie,
Où jamais un oiseau n'a chanté le printemps.

Montrez à ce proscrit nos riantes vallées,
Nos coteaux embaumés, de pampres recouverts,
Et nos cités où l'œil contemple accumulées
Les merveilles de l'art, orgueil de l'univers.
Pour son regard atone, hélas, rien ne remplace
La patrie, et son cœur songe à ceux de là-bas :
Aux grands aïeux couchés dans leur tombe de glace,
A sa femme, à ses fils, à ces sanglants combats
Qu'il livrait au narval, au morse, à la baleine,
A son traîneau léger, son renne et ses faux dieux :
De ces doux souvenirs son âme est toujours pleine,
Et loin de son pays tout lui semble odieux.
O puissance du cœur qui prête à tout des charmes,
Qui change en paradis les plus affreux déserts !
Loin des êtres aimés les soupirs et les larmes
Nous suivent. Les Édens deviennent des enfers.
Oui, de tous nos amours chaque lieu se colore ;
Le cœur comme un soleil fait naître des printemps ;
Sous ses ardents rayons on voit les fleurs éclore,
Et les nuits se changer en des jours éclatants.

3 Mars 1891.

Le galet

Voyez-vous, là-bas sur la plage,
Ce galet si blanc, si poli,
Que la mer, le long du rivage,
A longtemps roulé dans son lit.

Il fut d'abord un bloc informe
Couvert de mille aspérités,
Puis il s'est, sous la vague énorme,
Arrondi de tous les côtés.

Sous les tempêtes de la vie,
L'âme aussi perd son âpreté.
Une douce philosophie
Est le fruit de l'adversité.

182

Le zèle à la pitié fait place.
Les ans ont mûri le penseur ;
Si le jeune homme a plus d'audace,
Le vieillard a plus de douceur.

10 Mars 1891

TABLE

186

www.ingramcontent.com/pod-product-compliance
Lightning Source LLC
Chambersburg PA
CBHW031325210326
41519CB00048B/3161